乡踪侠影

——金庸的30个人生片断

张浚生 主编

应忠良 卢敦基 何春晖 著

XIANGZONGXIAYING JINYONG DE SANSHIGE RENSHENG PIANDUAN

红旗出版社

目录

序

悠悠故园心

张浚生

人称金大侠的查良镛先生，因为他的一整套脍炙人口的武侠小说，人们往往只目之为著名的武侠小说家。其实综观他迄今为止所从事的事业，他实在是一个思想家、文学家、新闻专家和社会活动家，是一位学而不厌、力学笃行的文人雅士。

我和他神交是自读了他的小说《笑傲江湖》开始的。我从小就喜欢看旧小说，还在上小学的时候就千方百计地找了许多旧小说来看。除了《三国演义》《水浒传》《西游记》《封神榜》等较为著名的以外，现在还能记得书名和主要故事情节的不下四五十部。但在上中学以后，就转为看近代中国小说和美、俄小说了。

1983 年，我从浙江大学教师的岗位上调到杭州市委工作。市委的图书阅览室有一些金庸、梁羽生先生的小说，又引起我看武侠小说的兴趣，就取了一本金庸先生的《笑傲江湖》来看。一看就放不下了，很快就利用余暇时间把一套几本看完，完全为其中新颖和多姿多彩的情节吸引住。两年后，我被借调到新华社香港分社工作。刚去那半年，工作还不是特别忙，而分社的图书资料室里金庸其他的小说都有，我便一部一部借来，利用晚上的时间，在宿舍里用了几个月时间全部都看了。

看他的小说是一种令人非常愉快的艺术享受，既富情趣，又有深刻的哲理，经得起反复琢磨咀嚼。富有情趣，读起来当然兴味盎然，但引不起思考和回味；只是重哲理，则成为说教，引不起读者的兴趣。他的武侠小说，只要拿出来，看上一段，就难以放下来，因此，有时只能强制自己不要从书架上取下来看。

我和金庸先生有直接交往是在我到香港工作之后。1985 年夏，我到新华社香港分社工作，时任分社宣传部副部长，其中一部分工作是联系香港的新闻界。因此在分社秘书长兼宣传部长杨奇同志（他也是新闻界老人，曾担任过《羊城晚报》社长、总编辑）

带领下，抵港后一个月便去拜访时任香港《明报》社长的金庸先生，受到他的热情接待。很有意思的是，他当时用来招待我的不是一杯清茶，而是在一宽口大肚的玻璃杯里倒上一小杯白兰地。当时他还被全国人民代表大会常务委员会委任为香港特别行政区基本法起草委员会委员。

由于工作关系，加上他祖籍浙江海宁，我虽不是浙江人，但长期在浙江学习和工作，现在又是从浙江来到香港工作，和他有乡情之谊，后来的来往就很密切。正如他在 1991 年给我的一封信中说："你我相交多年，时复结伴同游，情好弥笃。平日交谈，于天下大事，国家政局，以及文艺书法，港事发展，事事投机，可云知己。"并要我在信函中以兄弟相称。在长期的交往中，他的思想之明睿，知识之渊博，对事物分析之深刻，刚正不阿之人格，好学不倦之精神，莫不令我受教和叹服。

1998 年春，国务院决定我的母校与同根同源的杭州大学、浙江农业大学、浙江医科大学合并组建新的浙江大学，并委派我为筹备组组长。经过一段时间筹备，新浙江大学于 1998 年 9 月 15 日正式成立。金庸先生和夫人应邀前来参加成立庆典。新浙大的成立，是我国高等教育体制改革和布局调整的一项重大举措。而对 21 世纪在我国组建若干的规模大、层次高、学科门类齐全的综合性大学有重要的示范作用，对于把浙江大学办成具有重要国际影响的社会主义大学也具有非常重要的意义。其实，规模大并不是学校合并的目的，只是四个学校合并，规模一定是大的。合并的目的主要是通过学科的综合交叉，办成一所能适应人文和科学发展、适应我国建设发展的高水平的大学。

要办成一所高水平的大学，首要的是要有高水平的教师队伍，特别是有一批高水平的学术带头人。因此，我和潘云鹤校长以及学校领导班子的同志一致的意见，就是要聘请有高深学术造诣、热心教育事业的人来担任新组建的各个学院的院长。在新浙大的20个学院中，理工农医学科的学院中我们聘请了多位学术造诣深厚的中国科学院、中国工程院院士担任院长。在社会科学的学科中，我们聘请了著名经济学家高尚全担任管理学院院长，王洛林担任经济学院院长。而金庸先生担任人文学院院长，则是学校最早外聘的院长。我们之所以这样考虑，其目的就是通过他们来领导学科建设和提高各学院的学术水平。因为他们本身有很高的学术造诣，本身的知识能力的层次高，站在学术的前沿，深知学术的发展方向，和处在国内外学术前沿的学者互有密切交往，这对学校的建设发展和提高会起到十分重要的作用。但因为他们都各自有自己繁重的学术研究工作，因此在这些学院中又都配备了一位年纪较轻的且具有相当学术水平的教授担任常务副院长，协助处理日常行政事务。

早在新浙大成立之前的1994年3月，金庸先生就曾被原杭州大学聘为名誉教授。杭州大学也成立了“金庸研究中心”。1996年原浙江大学聘金庸先生为名誉教授。也就是说，金庸先生早已和组成新浙江大学的两所学校结缘。原浙江大学聘金庸先生为名誉教授的仪式，我也曾陪同前来出席。新浙大成立后，我得知金庸先生有封笔不再写小说，拟到北大或浙大做学问的意愿，当即与潘云鹤校长协商，拟聘请他为新组建的浙大人文学院院长。他完全赞成。为此，我即写信并和金庸先生通话约谈。他经过短暂考虑后表示愿意接受聘请。随后潘校长还亲自赴港面请。他在随后回复我的信中谦虚地说，从我的电话和来函中提请他出任新浙大人文学院院长“受宠若惊，极感荣幸。唯自省学识浅陋，且无大学中任教的经历……不敢勇于受此重任”。但杭州为其桑梓之地，浙大虽非他母校，情谊上视若母校，若能同浙中学人共处一堂，钻研学问，亦是其平生所愿。

同时提出希望对他不要过于厚待，他也会遵守学校的规定，一切秉公办事。

我们当时考虑聘请这些著名学者担任有关学院的院长，并非是想借助他们的声望和社会地位，而是以他们在学术上的成就，能为我们学校在学科建设上提出方向性的指导；在学校招收和培养研究生；以他们在国内外学术界的地位，每年能约请国内外专家学者组织召开一两次高水平的学术研讨会，并为学生举行报告会和讲座。金庸先生在任期间，在这些方面都为学校做出了重要贡献。他在浙大先后组织过“新经济条件下的生存环境与中国文化国际研讨会”、浙江大学人文学科建设和发展研讨会等等。前者海内外知名专家学者云集，后者也是约请了全国20余位顶尖的人文学科名家出席研讨。这些都对浙大人文学科的建设和发展起了重要的作用。会议期间还举办了多次学术报告，与学生互动，开拓了学生的眼界。他还亲自约请原联合国副秘书长、牛津大学圣安东尼学院院长古定爵士来校为师生开设讲座，由他自己做翻译。至于在校招收博士研究生，因为他对招收学生的要求很高，最终只毕业了卢敦基、王剑两人。虽然我们对于外聘的兼职院长没有要求他们在校坐班，但他每年至少有两三次来校办公。每次来校都多达半月以上，期间分别为中文、新闻、哲学、历史和国际文化等学系的学生开设讲座。有时还受到在杭的其他高等学校的邀请，为他们学校的师生开设讲座。他实在是一位非常尽职尽责的“院长”。

对金庸先生的研究，文章、书籍已经出了很多，有人把这个研究称为金学，是一门显学。红旗出版社徐澜同志等构想出版一本亦图亦文的专门纪录金庸先生在其家乡浙江活动的书，征求我的意见，我认为很有意义。大诗人杜甫在他的《月夜忆舍弟》

一诗中写道：“露从今夜白，月是故乡明。”游子在外，不管到了哪里，不管创下多少业绩，有了多么高的荣誉地位，他总是会时时思念自己的故乡，思念那时的亲友，总感到家乡的一草一木都是那么美好，那么值得留念，甚至天上的月亮也比其他地方的月亮圆。金庸先生是一个很重感情的人。他热爱祖国，热爱家乡，虽然也曾经遭受过种种磨难，但他的爱国爱乡的炽热感情，始终不变。“双鬓多年作雪，寸心至死如丹。”他虽然长期居住香港，在那里成就了他的事业，但一直惦念着故乡浙江。我去香港工作后就曾多次陪他回浙江嘉兴、海宁、绍兴兰亭等地探访。他之所以欣然允诺出任新浙大的人文学院院长，除了他对教育事业的热爱之外，也正如他所说的怀有桑梓之情。他出任院长之后，有了更多的机会在家乡浙江流连忘返，也有许多引人入胜的感人故事。因此，出版这样一本图文并茂的书，比较集中地记录金庸先生在浙江家乡的身影，一定会受到读者的喜爱，也可以为研究金庸提供更多一些素材。

这本书是由应忠良、卢敦基、何春晖三位作者分头编写的。他们之中，应忠良是原浙江省海宁市的市长；卢敦基是金庸先生的博士研究生；何春晖是金庸先生在浙大人文学院任职时的助手，学院办公室主任。他们都非常熟悉金庸先生在浙江、浙大参加各种活动的情况，也保留了许多他的行踪的珍贵留影。

本书的编写与出版都是包括徐澜在内的他们几位做的，我只是参加了两次他们编写工作的讨论。但他们一定要我挂上主编之名。万分推辞不得，只好勉强挂上。还要说明的是书中有些照片是浙大档案馆和有关部门提供的，在此谨致感谢。我虽然看过全部书稿，但书中所述可能还存在某些不尽详实之处，尚祈有心的读者予以批评指正。

如果你到过江南，会想到那些燕子，那些杨柳与杏花，那些微雨中的小船。

金庸

一 朝花夕拾赫山房

“东南形胜，三吴都会，钱塘自古繁华。”与杭州接壤、历史上大多时间归属于杭州府的海宁同样文风鼎盛，人文荟萃。古有干宝、顾况、谈迁、朱淑真、陈奕禧，近有王国维、蒋百里、徐志摩、张宗祥、吴世昌、钱镜塘、徐邦达……到了当代，这一方沃土又养育了一代文坛侠圣金庸。

金庸，原名查良镛，1924 年 2 月 6 日（农历正月初二，一说为公历 3 月 10 日，农历二月初六）出生在钱塘江北岸海宁辖下袁花古镇一个名叫“赫山房”的大宅子里。

袁花，别称花溪。旧有崇教寺，原为南北朝梁江州长史戚衮故宅，寺后有山，名龙山，相传为戚夫人莳花处，袁花之名源于此。明清两代刘基、沈周、文徵明、黄宗羲等均就袁花山水人文留下许多诗篇。袁花在唐宣宗年间已有集市，清雍正六年（1728）始称袁花镇。据万历年间里人许敦俅的《敬所笔记》记载，其时袁花之繁荣“与杭嘉无异”，

青年金庸（浙江档案馆藏）

查昇书法作品

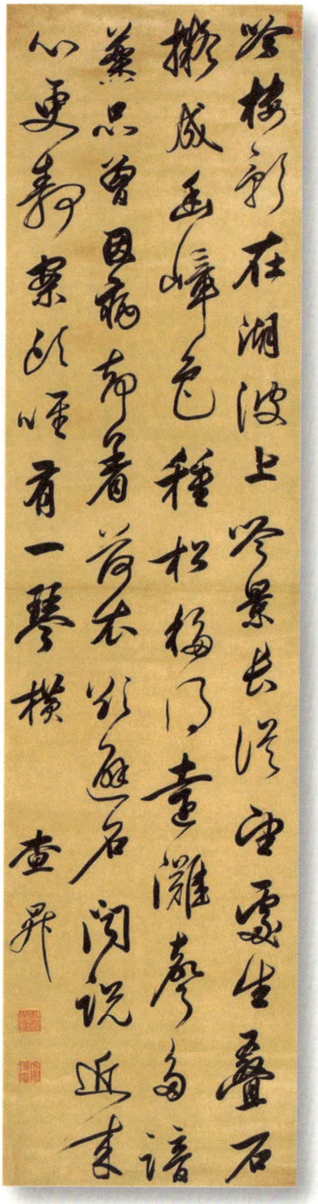

当铺亦有十四五处之多。清代更为繁盛。20世纪日军侵华之初，镇上街巷老宅被悉数焚毁。

查氏，源出姬姓，为周公长子伯禽之后。伯禽的后裔姬延因功肇封子爵于柤（通查）邑（今山东枣庄以南一带），便以邑为氏，改姓为“查”，姬延改名查延，遂为华夏查氏的始祖。元至正十七年（1357），有六十三世孙查瑜，因避兵祸，自徽州婺源迁居海宁袁花。自此族裔繁衍，耕读传家，科甲鼎盛，终成望族。据《袁花镇志》及查

左：金庸母亲年轻时照片（徐炎提供）
右：金庸与子女查传侠（左）、查传诗（资料照片）

氏宗谱记载，明清海宁查氏一族中进士者 22 人，举人 76 人。光有清一代，进士 16 人，举人 59 人。康熙年间更是“一门十进士，叔侄六翰林”，传为佳话。明清以降，袁花查氏家族出了许多的名臣、诗人、书画家、藏书家、实业家等。比较著名的有查继佐、查慎行、查嗣瑮、查嗣庭、查昇、查济民等。当代名人查良钊、查良鑑、查良铮（穆旦）亦是析居外地的族人。世称海宁查家是“唐宋以来巨族，江南有数人家”，实乃名实相符。

金庸的九世祖查昇，为清初诗人、著名书法家。康熙二十七年（1688）进士，选翰林院庶吉士，授编修，官詹事府少詹事，入直南书房兼侍读学士，深得康熙赏识，得赐御书匾额“澹远堂”。金庸曾经述言：“我祖先曾做翰林，后来升上去叫‘侍读学士’，陪皇帝读书的。皇帝念书的时候，他就坐在旁边，所以跟皇帝很亲近。他就求皇帝，家里有一个堂，请皇帝写一个堂名。康熙的字写得很好，就给题了，所以有一块匾，什么堂这样子。他拿到家里挂在大厅上面，三个字旁边有九条镀金的龙。”这匾额正是御书“澹远堂”。

金庸的高祖查人英，号赫山，其时对家宅进行重建。毕，以“赫山房”名之。祖父查文清是为清光绪十二年（1886）进士，曾任江苏丹阳知县，加同知衔。任上适值发生著名的“丹阳教案”。“我祖父查文清公反对外国帝国主义者的无理压迫，不肯为了自己的官位利禄而杀害百姓。他伟大的人格令我们故乡、整个家族都引以为荣。”金庸对祖父钦佩有加，并自谓祖父对其影响甚大。不过在 1924 年金庸诞生时，查文清已于上一年的 9 月去世，享年 75 岁。

金庸出生之时，查家几经磨难，已略显衰落，但仍有良田 300 多亩，另代管查氏义庄义田 3000 余亩。他家在镇上还有钱庄、米行、酱园等，在当地仍属大户人家。金庸父亲查枢卿，又名查楙忠，生于清光绪二十三年（1897），排行老三，与著名作家茅盾是中学同窗。其大哥查教忠是前清秀才，二哥查钊忠则毕业于北大，与同为海宁人并有戚谊关系的台北故宫博物院原院长蒋复璁先生是同班同学。查枢卿曾就读于上海复旦大学，肄业后回到袁花赫山房管理家产，并经营钱庄、蚕场、丝厂、米行等。

旧时的赫山房是一座有着数十间房屋的大宅院，三面临水、粉墙黛瓦。全部建筑采用楠木、樟木、柏木等优质木材以及精细石料。木柱飞檐、墙体门楣，全用油漆彩绘，画栋雕梁。后来，作为大地主财产的赫山房与查家田亩、农具一样，被分割成好多个单元，分发给了贫苦的农民。历经几十年的风雨沧桑加之人为的拆建，旧时的赫山房最终消失于世，再无踪迹。

也是一种机缘，笔者于 1994 年 4 月结缘金庸，时隔数载，竟去到他的家乡海宁，做起“父母官”来。其时金庸与他的武侠小说风靡神州大地，“金庸热”方兴未艾，一浪高过一浪。由其系列小说改编的电视剧拍了播，播了又拍，一再霸屏，观者如潮。我预感若干年后金庸研究或将成为一门显学，作为其家乡该当未雨绸缪，做点什么，遂有复建金庸旧居等念想。1997 年趁先生返乡之际，我与其作了初步沟通。1998 年 4 月 25 日，本人趁赴香港参加“香港中国亚太地区皮革展销会”之隙，与同事一道，带上旧居草图，拜会金庸先生于其办公室，一同研究探讨赫山房修复方案，先生欣然。对于旧时老宅，尽管已时隔数十载，金庸先生的记忆依旧分明：“我家的祖居是座大宅院，共有五进。第一进叫‘澹远堂’，匾额系当年康熙皇帝为我祖上御题。庭院中有桂花

金庸先生与第一任夫人杜冶芬的结婚照

树和芭蕉……另一进叫……”金庸先生对我如是告说。赫山房坐北朝南，分东西排列。“我曾祖父有两个儿子，我祖父是大儿子，住在大宅子的东半部，我叔祖父住在大宅子的西半部。”金庸出生在赫山房东屋第二进的“三益轩”。同胞当中，他排行老二，上面一个哥哥良铿，下有良浩、良栋（早夭）、良钰三个弟弟和良琇、良璇两个妹妹。

如今的赫山房正是我和同事一行从香港归来，方案进一步完善之后，于当年的下半年开工修建的。1999 年 9 月 24 日，金庸旧居主体工程告竣并举行落成庆典。金庸中学同学、浙江大学教授沈德绪和金庸胞妹查良琇等出席落成仪式。修建后的赫山房建筑面积有近 1100 平方米，分前后两进，四个厅堂，有备弄与前墙门披屋相连。厅堂为五开间，带厢房，各有墙门与天井。“赫山房”三字则由金庸好友、著名红学家冯其庸老先生题书。

今日赫山房内的澹远堂（CFP 提供）

1998 年 4 月 25 日，本书作者之一应忠良（左）拜会金庸，一起研究旧居修复方案（应忠良提供）

金庸与应忠良在其香港办公室合影（应忠良提供）

金庸旧居（CFP 提供）

二 诗人表兄徐志摩

“悄悄的我走了，正如我悄悄的来；我挥一挥衣袖，不带走一片云彩……”20世纪20年代的新月派大诗人徐志摩，以其遗留在英国剑桥大学的爱情与诗篇深深地打动了读者的心。抑或是依从表哥冥冥之中的导引与呼唤，时隔80余年，年逾八旬的金庸循着表哥徐志摩的足迹也来到剑桥修学圆梦。2005年，为纪念其在圣约翰学院的学习生活，金庸创作并手书对联“花香书香缱绻学院道，桨声歌声宛转叹息桥”。2012年7月4日，这幅对联的缩略版被刻在了碑石之上，立于圣约翰学院后院，与2008年立于国王学院后面剑河畔的刻有表兄诗句的石碑形成了天然的呼应。这对表兄弟笑傲剑桥的经历被永远镌刻在了这片传奇的土地上。

表兄徐志摩像（资料照片）

1992 年 12 月 3 日，金庸与夫人林乐怡来到硖石西山凭吊表兄徐志摩（方炳华 摄）

硖石徐氏亦是海宁望族，与袁花查氏素有通婚之好。徐志摩的父亲徐申如是一位开明绅士。他开钱庄、建丝厂、办电灯、修铁路，富甲一方，素有“海宁的张謇”之称。金庸的母亲徐禄是其最小的堂妹。年幼之时，金庸经常随了父母去往离袁花有十余公里地的硖石外婆家做客，与这位已经叱咤诗坛、间或回乡省亲的表哥徐志摩该当见过。让金庸印象深刻的是，1931 年 11 月间徐志摩乘飞机触山坠亡。翌年春天，一代诗人的灵柩被迎回故乡海宁安葬。少年金庸跟随母亲前往吊唁。并送去挽联：“司勋绮语焚难尽，仆射余情忏较多。”

对于表哥的才情，金庸是钦佩的，并引以为傲。俩人因年岁之故，少有交集，但他们似乎又有相似的品性与风格，比如浪漫、天真、风流。只不过这一切，表哥徐志摩更多的是表现在诗歌和行动上，而金庸则更多的寄托在了小说中所塑造的人物身上。“他是个浪漫的人，轻轻的来，轻轻的去，（在剑桥）读了一年学，没有毕业。我不学他，我要做学问。”金庸如是说。

1992 年 12 月 3 日，金庸一回到故乡海宁，便携同爱妻，怀着肃穆的心情，手捧鲜花，前往位于硖石西山的徐志摩墓前凭吊祭拜。1996 年 11 月，《徐志摩诞辰一百周年专辑》行将刊行，金庸饱蘸深情题书“诗人徐志摩”，落款为“表弟金庸敬题”。

海宁硖石老街南关厢（王超英 摄）

上：位于干河街的徐志摩故居，金庸题字（王超英 摄）
下：徐志摩的书房、起居室“眉轩”（CFP 提供）

徐志摩故居原有二处，一者是位于老街南关厢的徐氏老宅。1897 年 1 月诗人便诞生于此。另者即是位于干河街 40 号，建成于 1926 年，中西合璧、青砖灰瓦的别墅建筑。这座见证了徐志摩与陆小曼的新婚岁月并被之称作“爱巢”的小洋楼，到了 20 世纪 90 年代已是破旧不堪。1998 年海宁市政府将其列入文保单位，并遵从修旧如旧的原则拨款修缮。金庸闻悉，欣然题书：“诗人徐志摩故居”。

2003年10月25日，金庸在浙大教授徐岱（右）等陪同下回到海宁（王超英 摄）

2003年10月25日，五度返乡的金庸先生在当地官员的陪同下，来到他年幼之时曾经多次访亲做客的徐志摩故居参观。睹屋思人，几多感慨。他当场在宣纸上纵情写下“七十年后再访舅氏旧居”几个大字。尔后轻声喟叹，便似了却一桩积储多年的心事……

在徐志摩故居，金庸感慨地题下：七十年后再访舅氏旧居（海宁市档案馆提供）

2003 年 10 月 25 日，金庸在浙大教授徐岱（右二）等陪同下回海宁，来到表哥徐志摩故居参观（王超英 摄）

三 金嗓表姐俏蒋英

2012年2月5日，92岁高龄的著名女高音歌唱家蒋英在北京辞世。蒋英是海宁籍著名军事理论家蒋百里的女儿，“两弹一星”元勋钱学森的妻子。早年，蒋百里娶金庸的堂姑查品珍为妻。尽管蒋英非查氏所生，但金庸与蒋英仍以表姐弟相称，蒋英比他年长5岁。

蒋英（资料照片）

1936年，蒋英（右一）与家人在德国参观柏林动物园时的合影（黄佳健翻拍）

蒋百里的五个女儿（右二为蒋英）
（黄佳健翻拍）

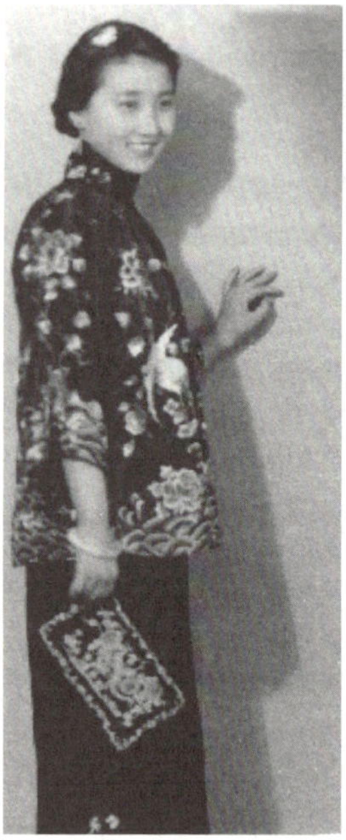 

左：1938 年，蒋英在演出之前
右：1939 年，蒋英在德国逛公园
（黄佳健翻拍）

早岁蒋英去往德国与瑞士学习声乐，归国后活跃于中国乐坛。在金庸就职于杭州《东南日报》的 1946 年一个秋日，蒋英来到杭州笕桥中央航校参加庆典活动，她邀请金庸前往参加晚会。这是金庸第一次听表姐唱歌，自在娇莺恰恰啼的美妙歌喉令他记忆深刻。1947 年 5 月底，蒋英在上海兰心大剧院举办归国后的首场独唱音乐会，已是上海《大公报》记者的金庸在台下鼓掌捧场，并于第二天的报纸上发表评论："她的歌唱音量很大，一发音声震屋瓦，完全是在歌剧院中唱大歌剧的派头，这在我国女高音中确是极为少有的。"

1981 年 7 月 18 日，邓小平在人民大会堂会见金庸后，蒋英让人传话给表弟：可经常来北京，最好每年见一次面。蒋英与钱学森都是金庸的忠实读者。据金庸弟弟查良浩叙述："此后哥哥常去看望蒋英表姐和学森姐夫。学森哥哥喜读金庸小说，他（金庸）几次赠书给他。"2009 年 6 月，香港凤凰卫视采访蒋英时，蒋英让人带信问候金庸，金庸特意将自己新出版的著作邮寄给表姐留念。

1947年9月，钱学森和蒋英在上海的结婚照（黄佳健翻拍）

1991 年，钱学森和夫人蒋英在授予荣誉称号仪式上（CFP 提供）

2011 年，蒋英在北京家中（CFP 提供）

烽烟千里求学路

忠厚传家久，诗书继世长。诗书传家本乃查家的传统。金庸父母都是知书达理之人，家中藏书甚丰。耳濡目染，金庸从小养成了喜好读书的习惯。

金庸六岁进入袁花龙山学堂读书。龙山学堂始建于 1902 年，是海宁早期的四所高等小学堂之一。金庸曾经说起："我从小喜欢念书，觉得读书是一种很大的乐趣。因为本身喜欢读书，知识比较容易得到。""我在小学时就爱读课外书，低年级时看《儿童画报》《小朋友》《小学生》，后来看内容丰富的《小朋友文库》，再似懂非懂地阅读各种各样的章回小说。到五六年级时，就开始看新文艺作品了。"

少年金庸（资料照片）

金庸初小、高小毕业证书（查建国提供）

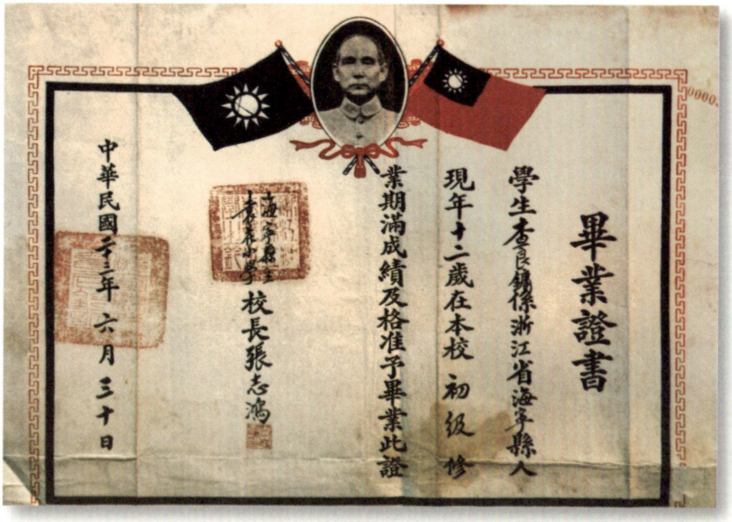

畢業證書
學生查良鏞係浙江省海寧縣人
現年十二歲在本校 初級 修
業期滿成績及格准予畢業此證
海寧縣立袁花小學 校長張志鴻
中華民國二十三年 六月 三十日

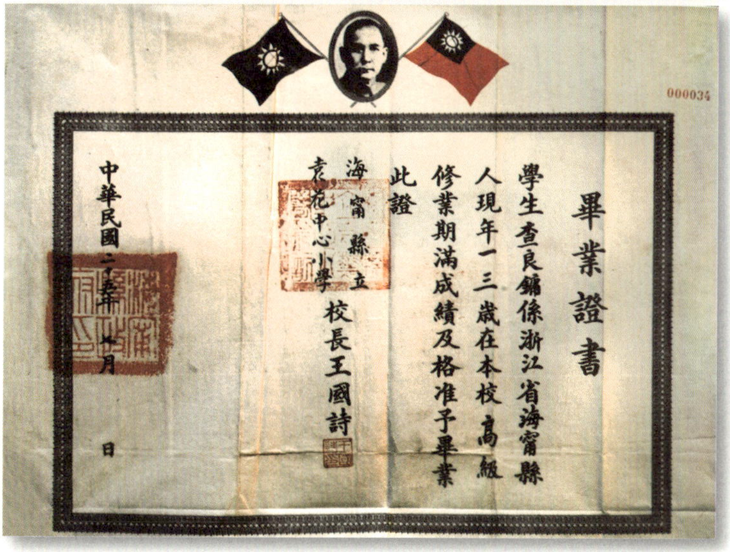

000034
畢業證書
學生查良鏞係浙江省海甯縣
人現年一三歲在本校 高級
修業期滿成績及格准予畢業
此證
海甯縣立袁花中心小學 校長王國詩
中華民國二十五年 七月 日

金庸第一次接触到武侠小说是在八岁时候，当时一个偶然机会，他阅读到《荒江女侠》。“想不到世上还有这样好看的书。”兴许就是在那时，金庸幼小的心灵里便已播下武侠的种子。

博闻强记、聪颖好学的金庸深得老师喜爱。他五年级的班主任兼国文老师陈未冬不光将金庸的作文当作范文在课堂上点评，还让他参与编发级刊《喔喔啼》。金庸组稿、编辑、抄写样样干得很好，把小小的级刊办得生动活泼。陈未冬曾经把金庸的作文本交予诸暨民报社，有几篇居然被刊登了出来。

1936年，金庸告别终日与书为伴、快乐欢喜的小学生活，考入浙江省立嘉兴初级中学（今嘉兴一中）读书。嘉兴古城，烟雨楼畔本是莘莘学子读书的好去处，怎奈日军的铁蹄步步逼近，学校无有宁日。1937年11月5日拂晓，20万日军在杭州湾登陆，嘉兴危在旦夕。危难之际，校长张印通毅然带领师生踏上艰难的千里流亡、南迁之路。师生们途经乌镇、余杭、临安、於潜、桐庐，一路跋涉，晓行夜宿，打地铺、吃番薯。艰苦的流亡途中，师生因陋就简，见缝插针，坚持上课。队伍过兰溪、金华，经永康、缙云，继续前行，历尽艰辛，行程千里，终于在1937年的年底到达浙江西南山区丽水辖下的碧湖小镇。

对这段刻骨铭心的流亡经历，金庸曾经回忆说："当时我们才十二三岁，每天要步行七八十里，餐风露宿，为抗战救国，我们跟学校到后方去。为救亡图存，我们努力学习。走不动了，就唱支歌……"

也就是在金庸踏上流亡之路的七天之后，金庸的父母也带着全家逃难。他们几经辗转流迁，最后渡过钱塘江，来到对岸的余姚庵东镇（今归慈溪市所辖）住下。故土家园，隔江相望，不知几时得返，一家大小，其心忧戚。不久之后，金庸母亲徐禄不幸染恙，缺医少药，痢泻不止，竟便撒手人寰，客死他乡。接着年幼的弟弟良栋也于困顿中夭亡。多年之后，金庸对池田大作回忆这段往事，心头依然沉痛："战争对我的国家、人民以及我的家庭造成了极重大的破坏。我家本来是相当富裕的，但住宅给日军烧光。母亲和我最亲爱的弟弟都在战争中死亡。我中学时代的正规学习一再因战争而中断。"

随着浙北沦陷，杭嘉湖地区的七所中等学校，也相继辗转千里来到碧湖。1938年的8月，浙江省立临时联合中学成立，分设初中部、高中部和师范部。当年9月正式开学，

金庸初中奖状及初中毕业证书（查建国提供）

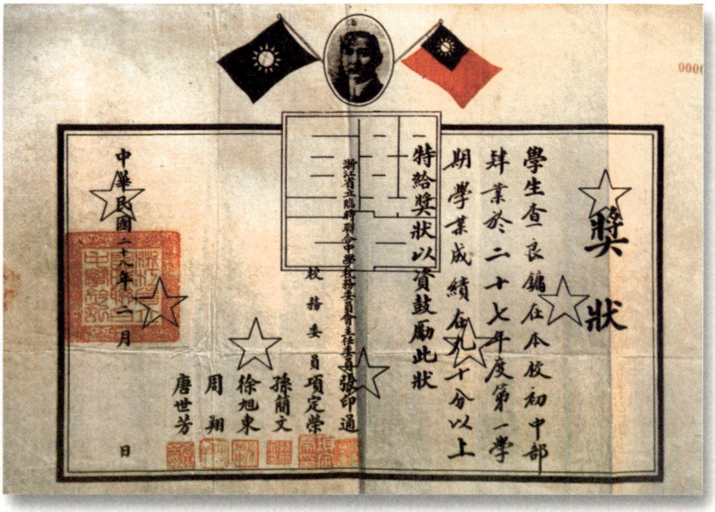
獎狀

學生查良鏞在本校初中部肄業於二十七年度第一學期學業成績平均九十分以上特給獎狀以資鼓勵此狀

浙江省立臨時聯合中學校務委員會主任委員張印通

校務委員項定榮 孫簡文 徐旭東 周翔 唐世芳

中華民國二十八年二月 日

畢業證書

學生查良鏞係浙江省海寧縣人現年十六歲在本校初級中學修業期滿成績及格准予畢業此證

浙江省立臨時聯合中學校務委員會主任委員張印通

校務委員項定榮 孫簡文 徐旭東 周翔 唐世芳

中華民國二十八年七月 日

金庸进入初中部继续学业。有感于升学考试的重要与艰难，读初三这一年，年少的金庸在繁忙的功课之余，联合两个同学合编了《献给投考初中者》一书，1939 年由丽水的一家出版社公开出版发行，并成了一本畅销书。

1939 年夏，金庸初中毕业。下半年进入联高。尽管生活艰苦，学习紧张，但学生们或演戏、唱歌，或美术、摄影……业余生活非常活跃、丰富。金庸爱好读书、写作，还有围棋。当时校内学生可以自由编写壁报，他的特长便有了用武之地。这期间，他在壁报上发表过好几篇颇具水准的文章，让人刮目相看。但他也在高中一年级时因一篇犀利嘲讽训育主任的文章，而让自己陷入濒遭开除的境地。幸有原校长张印通，勉力将“开除”改为“退学”。后又得张印通和同学余兆文的帮助，进入浙江衢州中学（1954年更名为浙江省衢州第一中学）继续学业。

衢州中学是一所历史悠久的学校。抗战爆发不久，四省通衢、素乃兵家必争之地的衢州频遭日机轰炸。衢州中学于是搬到了离城约二十多里，山清水秀、树木葱郁的石梁小镇。当时衢中文风很盛，一批有真才实学的作家、学者如王西彦、方光焘、何植三、曹百川等均在此任教。1940 年 7 月入读衢州中学的金庸一边翱翔于知识的海洋，一边撰文述论，以笔名“查理”在《东南日报》副刊《笔垒》上频频发表文章，崭露才华。加之他英文功底深厚，又有体育专长，在同学、校园里不啻鹤立鸡群。

在衢州中学求学的生涯是金庸年轻时一段难忘的时光。两年时间转瞬过去。1942 年 5 月 24 日，日军占领金华，衢州沦陷在即。学校无奈，决定毕业班提前毕业，其他年级停课疏散。金庸的中学生涯就此结束，并由此踏上西去湘西、重庆的流亡、求学之路。这一年他十八岁。

联初 1939 届毕业纪念照，第三排右一为金庸（嘉兴一中档案馆提供）

五 叩见老师章克标

20 世纪 90 年代末，一则“百岁老人征婚”的消息以及再组家庭的相关新闻曾经轰动一时。事件的主角便是金庸在省立嘉兴初级中学读书时的数学老师章克标。

章克标也是海宁人，早年毕业于日本京都大学数学系，回国后这位文学青年在上海与夏丏尊、胡愈之、叶圣陶、丰子恺等人轮值主编《一般》月刊，同时与滕固、方光焘等联手组织狮吼社，接着又与林语堂、邵洵美等一同创办《论语》半月刊。1928 年进入开明书店，主编开明数学教科书及《开明文学词典》。1929 年与诗人邵洵美创办的时代图书公司，是 30 年代中国出版界最大的出版机构之一，章克标出任总经理并主编《十日谈》旬刊。他不光写小说，还是杂文界的高手，出版过一部名为《文坛登龙术》的杂文集，一时成为畅销书。章克标后来到浙江省立嘉兴初级中学任教，如此便与金庸结下了师生之缘。

新中国成立后，章克标先后被戴上地主和反革命的帽子，被遣回原籍劳动改造。遭此劫难，妻子离他而去，本无子嗣的他一个人在海宁乡下屈指计数着余生所剩的日子。日子数到了 1978 年，数过了 90 年代，更数进了新世纪，居然还没有尽头！按章克标自己的说法，阎王爷似乎已经把他给遗忘了。但有一个人并没有把他忘记，这就是他的学生金庸。

旅居香港，与内地许久未通音讯的金庸偶尔得知少时的恩师依然健在，遂于 1989 年 2 月 21 日修书一封奉寄章克标：“克标老师尊前……得悉吾师安健，至以为慰。生当年在嘉兴中学读一年级时，蒙授以数学，吾师笑貌风采，至今不忘……若能抽身回乡，当叩见吾师。”

1992 年年底金庸重返内地。12 月 3 日在海宁宾馆，金庸一眼认出章克标老师，急

左：章克标（资料照片）
右：金庸回故乡拜望中学时代老师章克标（方炳华 摄）

走两步，一把握住老师的手，并恭恭敬敬地行了一个鞠躬大礼，声声重言：感谢老师恩德。尔后问长问短，亲切叙谈。1996年11月，金庸再度返回故乡，恭请章克标老师共进晚餐。1997年2月，有摄制组采访金庸，金庸十分动情地说："你们应该去拍摄我的故乡。浙江海宁有我的母校，还有我的老师，他今年已经98岁了，给过我许多教诲和帮助，如今他老而弥坚……"于是该摄制组专程赴海宁，将镜头对准了章克标。

诚如金庸所言，已是耄耋之年的章克标自1985年恢复自由之后，老当益壮，每天执笔不辍，先后出版了《九十自述》《文苑草木》《七色草》等新著，以及大量有关他早年从事文学活动并与各位文友交往的记述性文章。1998年2月，闻悉乡人为章克标先生做寿，金庸专门自香港驰电道贺："今吾乡诸公为师称觞贺寿，良镛远在海隅，未克举觞当面为师祝贺，谨书数语，愿吾师身体康宁，欢乐颐养，数载之后，良镛当造门祝寿，更受教益也。受业学生查良镛谨书。一九九八年二月十八日。"

金庸与老帅章克标（沈达 摄）

金庸为章克标自传《世纪挥手》题写书名（应忠良提供）

1999年，章克标寿登百岁，出版30余万字的回忆录《世纪挥手》，其书名便是由金庸题写的。封底则有余秋雨先生的一段话：“我们面对百岁老人，无异面对一个生命的奇迹。如果这个生命又盛载着文化，那么生命的奇迹也就变成了文化的奇迹。”2005年重阳节，106岁的章克标被吸纳为中国作家协会会员。实在不知老先生心中是何感受。

值得惊叹的是，这一生命奇迹，一直延续到了2007年才戛然而止。是年的1月23日，章克标以108岁高龄逝世于上海。新华社发布消息称：“章克标可能是中国现代文学史上最长寿的一位作家。”当年秋天，章克标的碑像落成仪式在上海松隐山庄举行，金庸敬献花篮，上面写道：“永远怀念章克标先生。”

六 难忘恩情老校长

金庸是一位感恩之人。为人正直、廉洁奉公，深受师生爱戴的原省立二中（1933年改名为浙江省立嘉兴初级中学，现嘉兴一中）校长张印通，便是让其感念不已的一位。

少年金庸1936年入读省立二中的翌年11月，日军借着晓雾于杭州湾大举登陆。危难关头，校长张印通毅然带领师生踏上流亡、南迁之路，其中艰难困苦，自不待言。

1939年，已是省立联合高中高一学生的金庸，因一篇影射、嘲讽学校训育主任的文章《阿丽丝漫游记》获祸。又是张印通校长勉力斡旋，终将开除改为退学，并帮助其转入衢州中学继续学业。金庸曾经说到："张印通老师是我的恩师，对我一生教导嘉惠良多，数十年时时思念，不敢忘怀他的恩德。"

抗战胜利和1949年之后，张印通继续担任嘉兴中学校长。1954年受到错误处理，回乡务农。1969年2月因病去世。

20世纪90年代之初，金庸先生专门捐资塑造张印通铜像，铜像上刻有："敬爱的张印通校长 弟子金庸敬题"字样。1992年12月，金庸重返母校。他来到矗立于校园里的铜像前深深地三鞠躬并题词留念："当年遭寇难，失哺意彷徨。母校如慈母，育我厚抚养。去来五十载，重瞻旧学堂。感怀昔日情，恩德何敢忘。"面对母校的青年学生，他语重心长地说："刚才我在张印通校长铜像前鞠躬时，想起了当年恩师对我的教诲，一个人要一生一世记得人家对你的好处，我们做人不能忘本。将来要记得报答。考取大学并不是很重要，做人才是件很重要的事，要做对得起自己的事，请各位千万记住。"

校长张印通（嘉兴一中档案馆提供）

1992 年 12 月，金庸重返母校，在老校长张印通铜像面前三鞠躬（嘉兴一中档案馆提供）

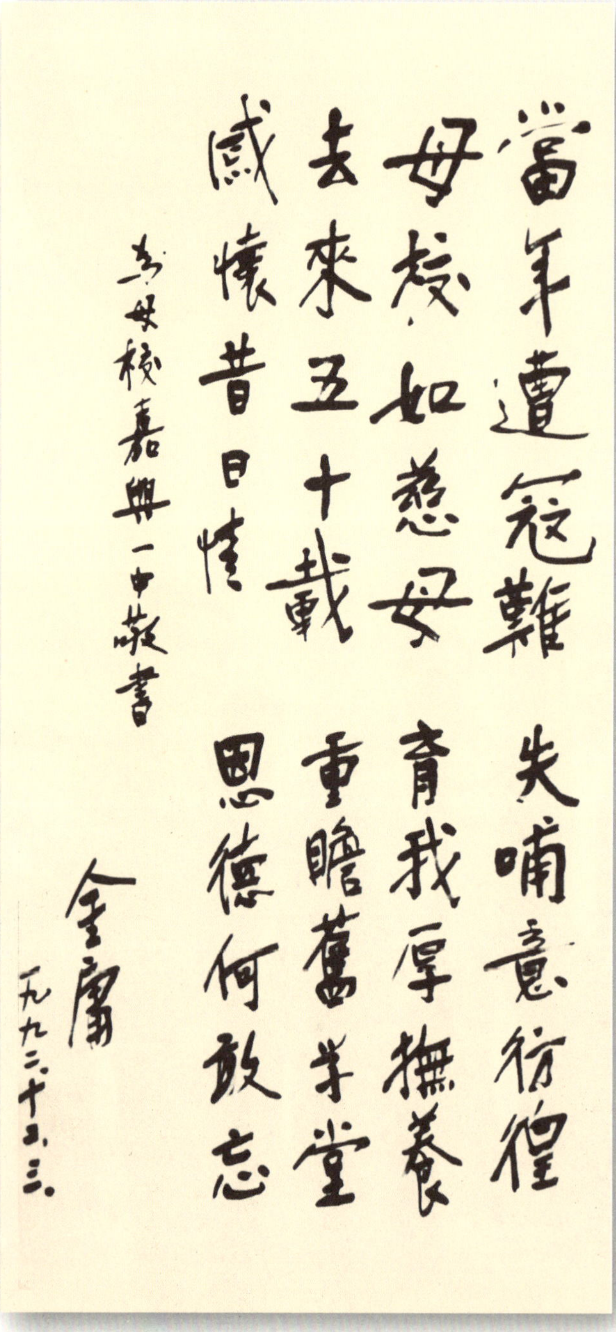

1992 年，嘉兴一中九十周年校庆，金庸题词留念（嘉兴一中档案馆提供）

现在矗立于嘉兴一中的张印通校长铜像（嘉兴一中档案馆提供）

七 大江东去潮复回

“八月十八潮，壮观天下无，鲲鹏上击三千里，组炼长驱十万夫……”

钱江观潮始于唐，盛于宋。由于江道的变化，自明以后海宁盐官便成了第一观潮胜地。

世界一绝的钱江潮，是大自然的恩赐。千百年来无数名人墨客为之倾倒，白居易、李白、苏东坡等无不留下千古咏叹。清乾隆皇帝六下江南，四次来到盐官观潮，赋诗十余首。孙中山、毛泽东等几代伟人也曾来海宁盐官观潮并留下诗文。袁花距离观潮胜地盐官不过十余里地之遥，人称金庸是“号称天下第一潮的海宁潮捎向人间的绝世怪才”。

左：海宁盐官旧时观潮台（王飞庆翻拍）
右：夜潮秋月相思（钱君匋刻）

还在幼时，金庸便随家人几度海宁观潮。小时作为童子军，还曾在石塘上露营，观睹夜潮。即便离乡多年，故乡的山川人文仍让金庸魂牵梦绕，对于观潮也怀有一种深深的情结。以至于他在第一部武侠小说《书剑恩仇录》中，便不惜笔墨向读者描摹展示家乡这壮美的景致：

“潮水愈近愈快，震撼激射，吞天沃月，一座巨大的水墙直向海塘压来……月影银涛，光摇喷雪，云移玉岸，浪卷轰雷，海潮势若万马奔腾，奋蹄疾驰……但潮来得快，退得也快，顷刻间，塘上潮水退得干干净净。……潮水渐平，海中翻翻滚滚，有若沸汤。”

可以这样说，不少读者是通过金庸的小说作品才知晓、了解和领略钱江潮的。

上：汹涌澎湃回头潮
下：中秋之夜看夜潮
（王超英 摄）

1996 年，金庸在海宁盐官观潮（沈达 摄）

兴许，思潮、写潮、观潮之于金庸，便似于怀乡、祭祖与朝圣，每每返回故乡，只要时间与自然条件允许，便屡屡观潮不辍。在那滔天潮水的涌动里，他一次次汲取天地之精华与能量，而后融入笔端化作为绚烂多彩、充满诗意的才思与文字，奉献于读者。他不光与家人一同观潮，有时候还携同挚友一道前来观潮。1997 年 9 月 19 日，金庸回乡观潮，与他同行的便有他的袁花同族、香港著名企业家查济民先生夫妇，著名科学家诺贝尔奖获得者杨振宁先生夫妇等。据统计，这些年金庸先生六次回乡，观潮的次数共有四次之多。最近一次观潮，是在 2008 年的 9 月 17 日。那一天正是农历八月十八，金风送爽，秋阳明艳。伫立于江边的金庸脸面向东，目光悠远，敛声屏气，静待远处的那一道白练汩汩而来。他的思绪一定穿越时空，回到过去，更仿佛回到了童年。金庸先生观潮后更欣然写下“天下奇观”四个大字。

“蓦然间寒气迫人，白线越移越近，声若雷震……真似百万大军冲锋，于金鼓齐鸣中一往直前……”其实，陈家洛的身上不光有着其表哥徐志摩的印记，同样也有金庸本人遥望故园、眷恋家乡的影子。他们不光都是海宁人，他们也同样都是那个时代的弄潮儿。

1997 年 9 月 19 日，金庸与杨振宁（左二）、查济民（左五）等在海宁盐官观潮（方炳华 摄）

1997 年 9 月 19 日，金庸、杨振宁（右五）等在海宁盐官合影留念（应忠良提供）

2008 年 9 月 17 日，金庸携夫人在盐官观潮（沈达 摄）

2008 年 9 月 17 日，金庸海宁观潮，题写“天下奇观”（沈达 摄）

八　同学少年会衢州

2004年10月27日，阔别62年的大侠金庸重回衢州。全程陪同的时任浙江大学人文学院常务副院长廖可斌教授说：金庸先生这一次真动了情。他去的地方已经很多了，但是看来先生对衢州真的有感情。

1940年，他还在丽水碧湖省立联合中学读书时，因写了一篇讽刺党化教育的代表某训育主任的文章，被学校开除。后经校长张印通全力斡旋，并努力助他转学。当时他读书拿的是战时救济，如果开除，则吃住无着，生死系于一线。

浙江省立衢州中学（今衢州一中）接纳了他。这所创办于1902年的中学，时为浙江省立第八中学，1938年搬到石梁。金庸拎着一个大书袋和行李，手中捧着一副围棋，戴一副白色的深度近视眼镜，来到了这里的高二年级就学。

据同学王浩然回忆，那时的金庸，与他和江文焕结成了死党。“天天同出同归，宿舍的床位连号，教室的座位基本上排在一起，吃饭也在同一张桌子。有几天夜自修下课后，到小店加餐，三人同吃一大盘炒年糕或炒面，格外津津有味。”

关键是，金庸到衢州中学后初衷不改，文才特出，不仅得到优容，且常受赞扬。与碧湖相比，金庸当时即使不能完全领会，日后想起，怎能不铭感于心？“要成就一件伟大的事业，带几分狂气是必须的。”这句名言，也是可以刻画大侠一生事业的名言，就诞生于这里。

金庸在三千多师生前发表了讲演。他跟平常一样风趣幽默，妙语连珠；另一方面，他的讲话充满了深情：“因为在衢州读过书，所以我是真心称呼你们为师弟、师妹。想想我们当年读书的艰难，你们要好好读书，考上大学。一方面扬衢州一中的名，另一方面也为视同作贡献。”拳拳之心，溢于言表。

金庸就读于省立衢州中学的学籍卡（第 3936 号）

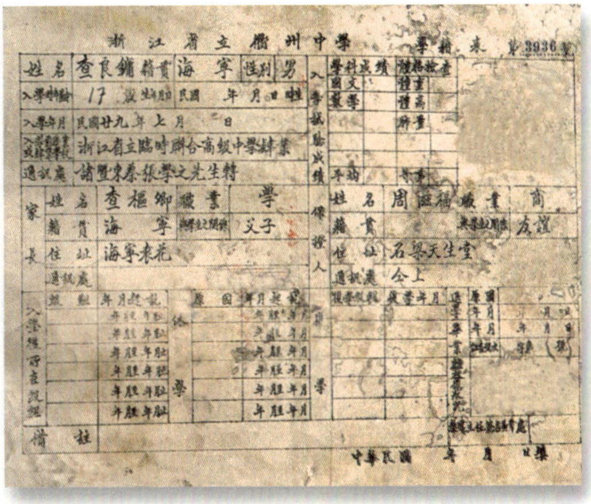

浙江省立衢州中學 學籍表 第3936號

姓名 查良鏞 籍貫 海寧 性別 男

入學時年齡 17 歲

入學年月 民國廿九年七月 日

浙江省立臨時聯合高級中學肄業

通訊處 諸暨東泰張學之先生轉

家長 姓名 查樞卿 職業 學 籍貫 海寧 與學生之關係 父子 住址 海寧袁花 通訊處

保證人 姓名 周鈺福 職業 商 與學生之關係 友誼 住址 石梁天生堂 通訊處 仝上

備註

中華民國 年 月 日填

衢州一中也给了金庸一个小小的惊喜。当介绍周迅也是校友时，金大侠来了精神，并在有周迅画像的画板上签了字。想到去年“华山论剑”第一关，主持人拿出扮演过黄蓉的三个女演员头像和四个美好的形容词，让金庸挑选搭配，当时金庸就多给了周迅一个词。如今知悉还有这么一层校友缘，不能不感叹这番巧合吧。

在衢州一中，对每一个来采访的小记者，金庸都要请他们写上自己的名字。对他的武侠作品熟悉的记者，不免问起《碧血剑》中的石梁派、龙游帮，等等。原来《碧血剑》中袁承志来到江南，自江西玉山相伴夏青青，见其与龙游帮争斗，因而与石梁派结下梁子，并战而胜之。这两个帮派，在小说中都不算什么正面形象。本来小说中高下相形、正反相倾皆常事，但当地人尤其关心家乡的事更属平常。金庸面对这样的提问，甚至说：“当时写作时比较匆忙，将其写成反面形象。如果再写，会重新考虑。”

为写此文，当笔者翻开最新版本的《金庸作品集》时，发现“龙游帮”已经改名为“游龙帮”，而“石梁派”已经改名为“棋仙派”。后者既活用了烂柯山的典故，又不直接干犯真实地名，可见大侠的一番诚心、苦心。

2004 年 10 月 27 日，衢州一中文学社小记者采访校友金庸（衢州第一中学提供）

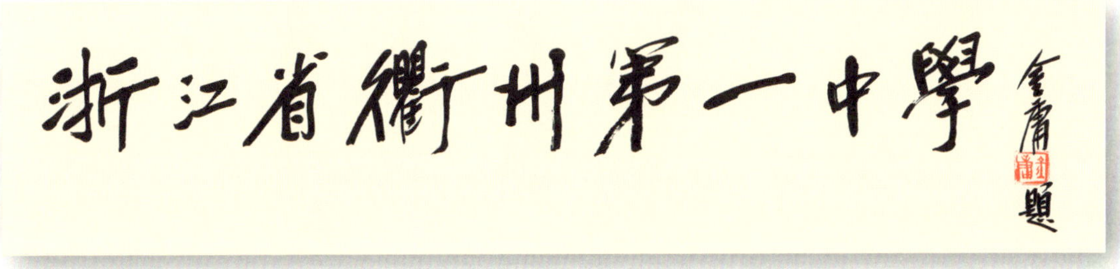

金庸挥毫为母校题词（衢州第一中学提供）

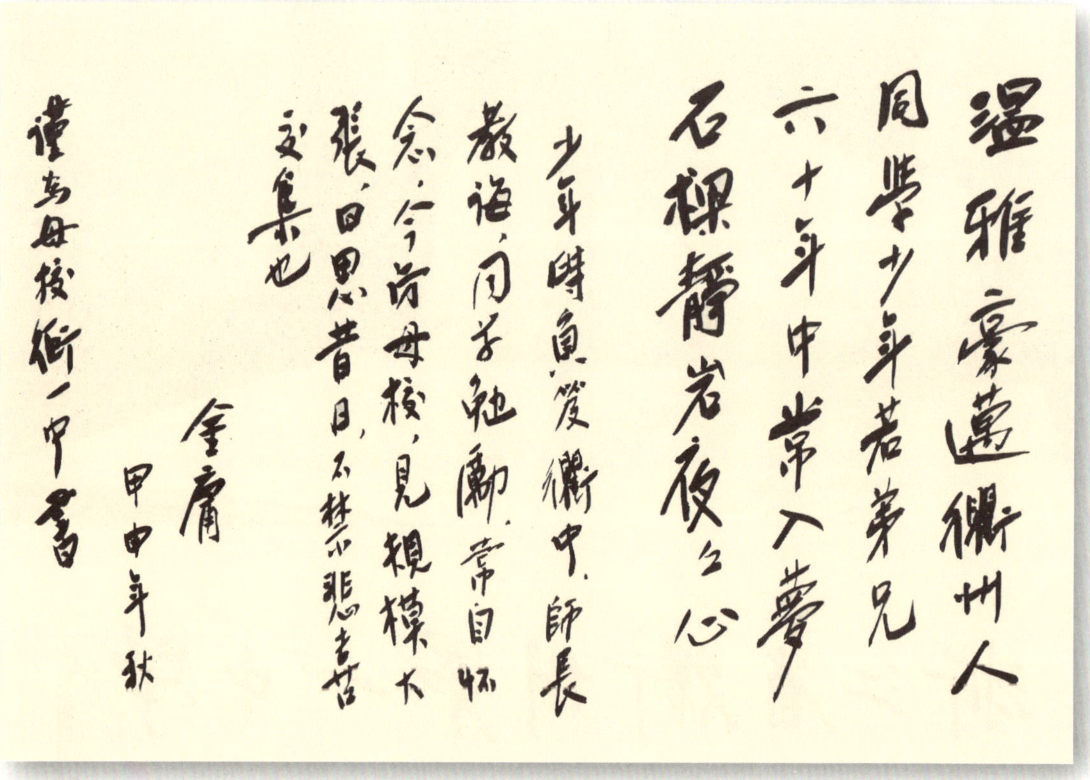

金庸为母校题词（衢州第一中学提供）

2004 年 10 月 27 日，金庸在参观衢州第一中学校史陈列室时，在介绍自己的展板前开心地笑了（衢州第一中学提供）

金庸对衢州的深情，充溢于他给衢州一中的题词中：

温雅豪迈衢州人

同学少年若弟兄

六十年中常入梦

石梁静岩夜夜心

少年时负笈衢中，师长教诲，同学勉励，常自怀念。今访母校，见规模大张，回思昔日，不禁悲喜交集也。

金庸　甲申年秋

九　情系桑梓游子心

金庸曾经与人言：“如果一个人离开家很久，在外边住的时间一长，对故乡怀念的感觉就越深。有时回忆小时候在这里的生活，有一些是很美丽的。总想老了，再回到这个地方来住。”对于少年生长与读书的家乡海宁、嘉兴，金庸一直怀有一种深深的情愫与牵挂。正因如此，在他的作品里，不少人物、故事的展开与演绎便以杭州、嘉兴、海宁为背景以及故乡风土人情的描述。月是故乡明，金庸不光是思乡的，也是爱乡的。从 1992 年到 2008 年，事务繁忙的他六度返乡，或讲学或捐资、捐书助教，或参加研讨会或观潮……他的身影闪现在家乡的角角落落，如炬的目光时时关注着家乡的经济变化、社会发展与文化建设。笔者与其晤面，稍事寒暄，立即询问家乡建设近况。临别，他惠我的题词是“桑梓建设，多赖宏图”，关心、期待家乡发展变化的心情溢于言表。

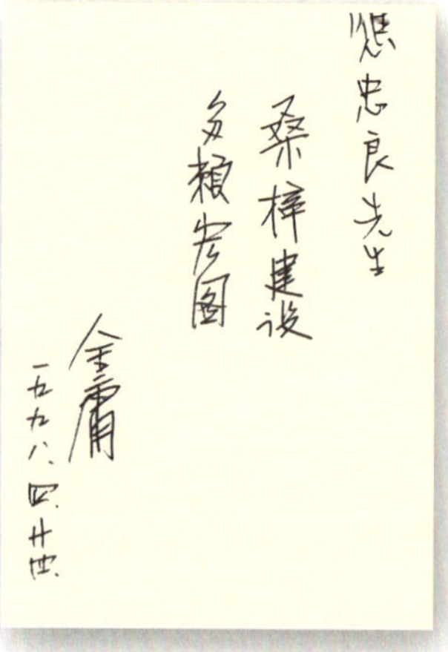

金庸为本书作者之一应忠良题词勉励（应忠良提供）

1992 年 12 月，金庸首度返乡，在时任海宁市市长钱满程陪同下回到袁花镇中心小学（海宁市档案馆提供）

1992 年的 12 月，金庸离别家乡多年之后首次返乡。他马上回到母校袁花镇中心小学探视师长亲友。他把市政府落实他家祖居房产政策的钱款，悉数转赠母校建立图书室。当年他还捐资港币 300 万元，在嘉兴学院建设“金庸图书馆”。参加嘉兴一中九十周年校庆之时，他捐款在母校设立“金庸奖学金”。他还曾累计投资近 200 万美元在嘉兴设立合资企业，发展家乡经济。金庸喜好跟年轻学子在一起。在嘉兴一中等许多场合，他均语重心长教导青年学子如何做一个品学兼优的人。2003 年 10 月 25 日，金庸来到海宁高级中学，满怀深情挥毫题词“行见人才如潮，自此涌出”。他对晚辈应晓非殷切期勉：“晓非即明晓是非，晓非即主持正义。”

1996 年 11 月 11 日，金庸与儿子查传倜（右一）一起考察盐官海神庙（沈达 摄）

2003年金庸出席“金庸小说国际研讨会”（王超英 摄）

2003年10月25日，金庸在海宁高级中学（王超英 摄）

2008 年 9 月，金庸回海宁，到海宁一中参观并题写校名（颜逸民 摄）

2008 年金秋，他轻车简从专门来到海宁一中以及海宁宏达学校视察。单在宏达学校，就逗留了近两个小时。他详细了解学校教学情况，与师生合影并题词勉励：“宏道宏文，达德达善。”当宏达集团董事长沈国甫先生请其为上海同济大学浙江学院题词时，金庸欣然命笔：“同施同济，猛进如潮。”

海宁籍旅居京华的学者沈左尧先生曾经撰一长联：“拂拭古今明镜胸罗万象凌云彩笔写江湖气吞山岳剑锋犀利靖尘埃醒世警人歌侠义；风靡中外荧屏誉满全球霁月丹心怀故国情系桑梓魁斗辉煌盈翰府憾天震地涌海潮。”可谓高度概括了金庸一生的成就与家国情怀。

壮矣哉，金庸先生。

2008 年 9 月，金庸回海宁，来到海宁宏达学校（沈达 摄）

2008 年金秋，金庸回海宁，接受宏达学校学生的鲜花祝福（王超英 摄）

2008 年 9 月 17 日，“金庸爷爷与我们相聚宏达”（王超英 摄）

十

金庸书院矗古镇

金庸的武侠小说，用老少皆宜、雅俗共赏以及华人圈中读者最众这两句话来形容一点也不为过。金庸是海宁的骄傲。挖掘名人文化，借用金庸的名人效应以提高知名度，广交海内外朋友，扩大招商引资，发展文化旅游产业，自然便成了当地民间的呼声与历届政府的打算和工作内容。如此乃有修复金庸旧居以及修建金庸书院之举。

金庸书院选址观潮胜地盐官古镇，紧邻杭州。历史上，这里是海宁州县治所，文

盐官古镇上的海神庙（王超英 摄）

金庸书院（CFP 提供）

化积淀异常丰厚。传说中乾隆皇帝的生父陈阁老便是盐官人。当年乾隆皇帝六下江南，四次驻跸于此的史实，以及金庸武侠小说《书剑恩仇录》的描述演绎，更让传说声名远播、神秘吊诡、真假难辨。遗留至今的人文古迹主要有古鱼鳞石塘、占鳌塔、海神庙、安澜园、安国寺遗址以及陈阁老宅、王国维故居、陈邦彦故居等等。金庸书院坐落于古镇的东南隅，项目占地 4300 余平方米，建筑面积 1900 平方米。书院兼备讲学、展示、藏书三大功能，建筑设计参照盐官历史上著名的安澜书院格局。立体空间由“讲堂——水庭——藏书楼”组成，以讲堂为中心，中轴对称，庭院天井组合，布局严谨。整个建筑、园林收放得体，开合有致，实为当代传统庭院建筑的典雅之作。

宰相府第（盐官风情街）（王超英 摄）

2008年9月，金庸回海宁，参加“2008金庸小说国际学术研讨会”（沈达 摄）

金庸在“2008 金庸小说国际学术研讨会”上
（王超英 摄）

海宁素有“文化之邦”之誉，文风昌炽。早在 1996 年当地一批热心文化人士便发起成立了一家民间学术研究机构——海宁市金庸学术研究会。研究会成立至今共主办、承办金庸小说研讨会九届。主编出版《论文集》8 本，《金庸研究》会刊 9 期，两项合计印行 3.9 万册。

2008 年 9 月 16 ~18 日，由海宁市人民政府主办的“2008 金庸小说国际学术研讨会”在盐官举行。来自英国、日本、韩国、泰国等 6 个国家和中国台湾、香港、澳门地区以及 12 个省市、多所大学的专家学者、有关领导、嘉宾参加研讨。这也是历年来规模最大，参加学者规格最高的一次。已届 85 岁高龄的金庸专程返回家乡与会。他神采奕奕，笑意盈盈，频频向父老乡亲和与会代表颔首致意。会议期间他来到盐官出席金庸书院开工奠基仪式。仪式上金庸亲手铲起奠基的第一铲土，并为书院的第一棵金桂培土浇水。

经过 2 年的建设，金庸书院于 2010 年告竣。香港著名学者、书法家饶宗颐，中央文史研究馆馆长袁行霈以及原浙江大学党委书记张浚生分别为金庸书院题写匾额。金秋时节，丹桂飘香，当年的 9 月 22 日，金庸书院落成开放仪式在盐官举行。金庸派胞弟查良浩出席仪式并讲话。

如今，金庸书院已然成为金庸学术研究与交流的重要场所和盐官古城又一道亮丽的景致，更成了观潮者和“金迷”寻访金庸故乡的好去处。

2008 年 9 月 17 日，海宁金庸书院奠基仪式（沈达 摄）

2010 年 9 月 22 日，金庸书院落成开放仪式在盐官举行（沈达 摄）

2010 年 9 月 22 日，金庸书院在海宁盐官落成开放（沈达 摄）

金庸书院书剑堂内（应忠良提供）

十一 《东南日报》报人始

就职杭州《东南日报》是青年金庸人生旅途上的一个重要起点。正是在这里，他踏进了报业大门，并几乎穷尽一生与这一职业相守。

《东南日报》的前身是杭州《民国日报》，创刊于1927年3月。1934年6月改名《东南日报》，并成立"东南日报股份有限公司"，国民党元老陈果夫任董事长、胡健中任社长。胡社长善于办报与经营，报纸声势日隆，行销浙江、苏南、闽北、皖南、赣东一带。

金庸与《东南日报》结缘是在衢州中学读书之时。其时报社已因战争迁址金华。自1941年9月起，尚是高中学生的金庸接连在《东南日报》副刊《笔垒》上发表了《一

青年才俊金庸（查建国提供）

上：东南日报社卷宗
下：东南日报社职工登记表
（浙江省档案馆藏）

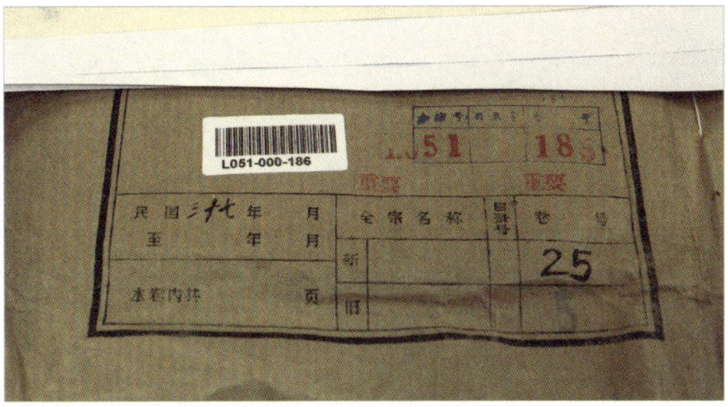

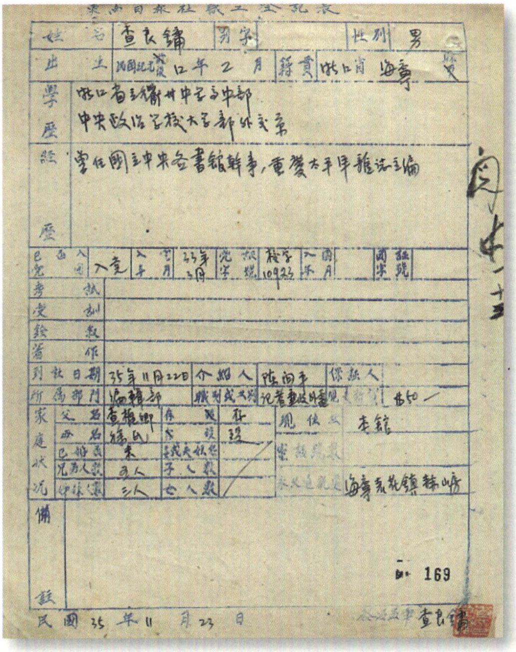
姓名 查良镛 别字 性别 男
出生 民国纪元后12年2月 籍贯 浙江省 海宁
学历 浙江省立衢州中学高中部
中央政治学校大学部外交系
经历 曾任国立中央图书馆干事，重庆太平洋杂志主编
到社日期 35年11月22日 介绍人 陈向平
所属部门 编辑部
民国35年11月23日

事能狂便少年》《人比黄花瘦》和《千人中之一人》三篇文章。并由此与伯乐——该副刊主编陈向平先生结下忘年之交。

此后，金庸去往重庆、湘西求学、谋生。有关金庸湘西一段人生旅历，过往人们一直语焉不详，所幸近年经热心人士查氏族人查玉强、泸溪市文联主席李燕华等的多方求索考证，情况已经大致明了：衢州中学毕业之际，日军发动浙赣战役，衢州不保，金庸无奈踏上了西去流亡、求学之路。因交通阻滞、生病耽搁以及生计所迫，1942 年的年底，金庸辗转来到湖南泸溪县，求职于其同学兄长王侃所创办的位于该县麻溪口村的湖光农场。翌年夏，稍得喘息的金庸赴时设于重庆的中央政治学校外交系继续求学。1945 年春，公职身份为中国农民银行沅陵支行经理的农场主王侃出差重庆，两人重逢。王力邀就职于中央图书馆、一度与人合作创办太平洋杂志并担任主编的金庸重返泸溪湖光农场，帮助经营管理，并承诺将来送金庸出国留学。金庸遂约上同学余兆文一道

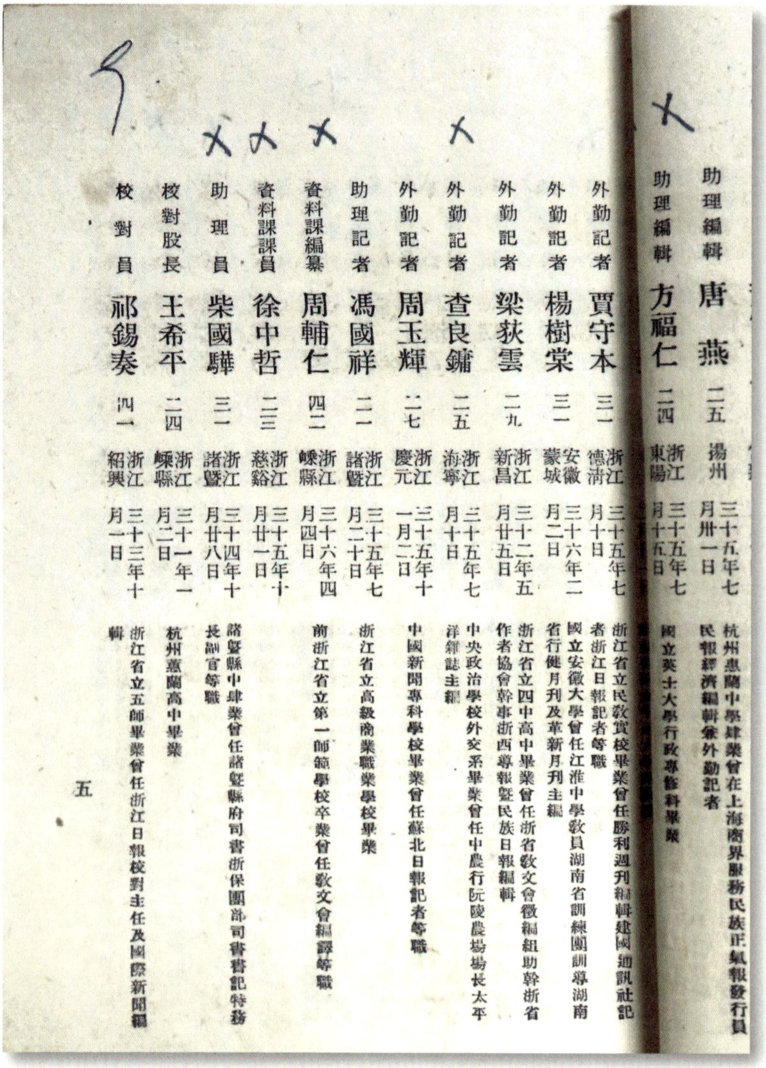

助理編輯	唐燕	二五	揚州	三十五年七月卅一日	杭州惠蘭中學肄業曾在上海南界服務民族正氣報發行員民報經濟編輯兼外勤記者
助理編輯	方福仁	二四	浙江東陽	三十五年七月十五日	國立英士大學行政專修科畢業
外勤記者	賈守本	三一	浙江德清	三十五年七月十日	浙江省立民教實校畢業曾任勝利週刊編輯建國通訊社記者浙江日報記者等職
外勤記者	楊樹棠	三一	安徽蒙城	三十六年二月二日	國立安徽大學曾任江淮中學教員湖南省訓練團訓導湖南省行健月刊及革新月刊主編
外勤記者	梁荻雲	二九	浙江新昌	三十二年五月廿五日	浙江省立四中高中畢業曾任浙省教文會徵編組助幹浙省作者協會幹事浙西導報暨民族日報編輯
外勤記者	查良鏞	二五	浙江海寧	三十五年七月十日	中央政治學校外交系畢業曾任中農行阮陵農場場長太平洋雜誌主編
外勤記者	周玉輝	二七	浙江慶元	三十五年十一月二日	中國新聞專科學校畢業曾任蘇北日報記者等職
助理記者	馮國祥	二一	浙江諸暨	三十五年七月二十日	浙江省立高級商業職業學校畢業
資料課編纂	周輔仁	四二	浙江嵊縣	三十六年四月四日	前浙江省立第一師範學校卒業曾任教文會編譯等職
資料課課員	徐中哲	二三	浙江慈谿	三十五年十月廿一日	
助理員	柴國驊	三一	浙江諸暨	三十四年十月廿八日	諸暨縣中肄業曾任諸暨縣府司書浙保團部司書書記特務長副官等職
校對股長	王希平	二四	浙江嵊縣	三十一年一月二日	杭州蕙蘭高中畢業
校對員	祁錫奏	四一	浙江紹興	三十三年十月一日	浙江省立五師畢業曾任浙江日報校對主任及國際新聞編輯

五

东南日报社职工名册（浙江省档案馆藏）

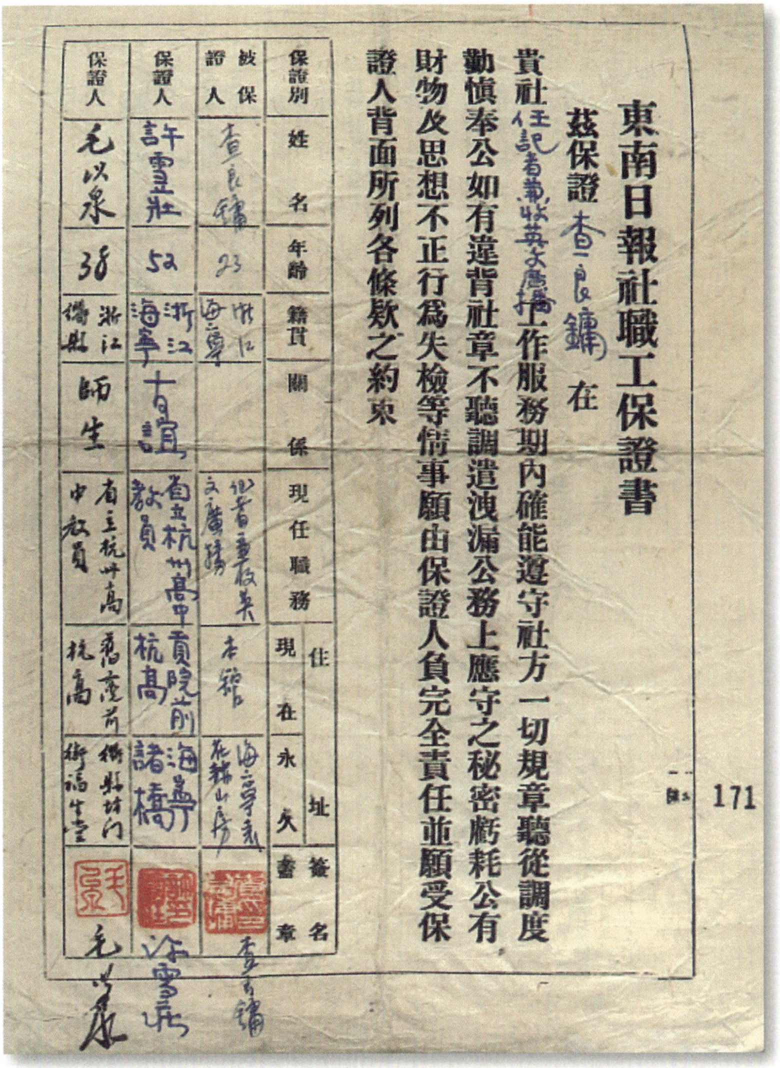

東南日報社職工保證書

茲保證查良鏞在

貴社任記者兼收英文廣播工作服務期內確能遵守社方一切規章聽從調度勤慎奉公如有違背社章不聽調遣洩漏公務上應守之秘密虧耗公有財物及思想不正行爲失檢等情事願由保證人負完全責任並願受保證人背面所列各條款之約束

保證別	姓名	年齡	籍貫	關係	現任職務	住址 現在	住址 永久	簽名蓋章
被保證人	查良鏞	23	浙江海寧		記者兼收英文廣播	本館	海寧袁花赫山房	查良鏞
保證人	許雪壯	52	浙江海寧	世誼	省立杭州高中教員	杭高貢院前	海寧諸橋	許雪壯
保證人	毛以泉	38	浙江衢縣	師生	省立杭州高中教員	杭高	衢縣坊門街福生堂	毛以泉

171

东南日报社职工保证书（浙江省档案馆藏）

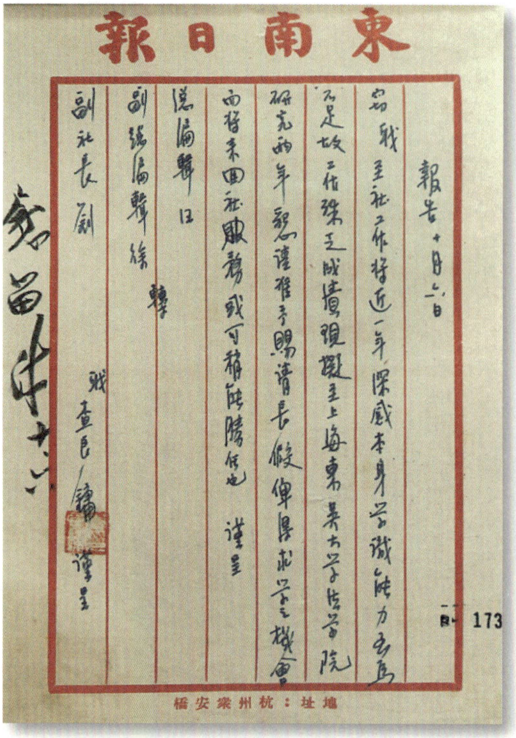

東南日報

報告 十月六日

竊職來社工作將近一年，深感本身學識能力未逮，故工作殊乏成績。現擬至上海東吳大學法學院研究兩年，懇請准予賜請長假，俾得求學之機會，而將來回社服務或可稍能勝任也。謹呈

總編輯 汪

副總編輯 徐 轉

副社長 劉

職 查良鏞 謹呈

173

地址：杭州眾安橋

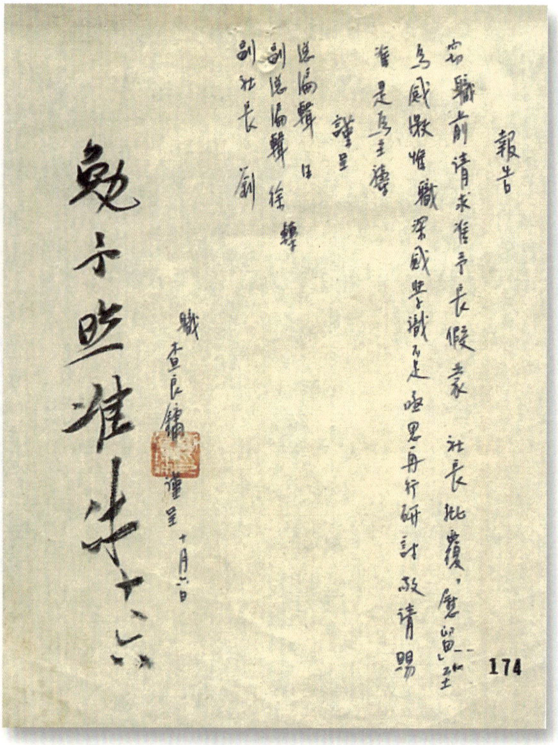

報告

竊職前請求准予長假，蒙 社長批覆，惠留。惟職深感學識不足，亟思再行研討，故請賜准。是為至禱。

謹呈

總編輯 汪

副總編輯 徐 轉

副社長 劉

職 查良鏞 謹呈 十月六日

勉予照准

174

左：金庸写给报社领导要求辞任赴沪求学的报告
右：金庸再次报告，报社允准
（浙江省档案馆藏）

再回湖光农场。其后日本投降，战事结束。1946 年的 6 月，金庸辞去农场工作，踏上返乡之旅，回到家人身边。

两度湘西之旅，时间不长，但却为金庸的情感和日后创作，提供了丰富的素材和演绎、挥洒的空间！

回返故里闲待的金庸，时年二十二岁，“欲在杭州谋一职糊口”。经陈向平先生的热心举荐，是年 11 月，金庸从海宁来到杭州，进入《东南日报》担任记者。职责是收录英语国际新闻广播，编写国际新闻稿。从中学起，金庸的英文便相当不错，后来又就读于中央政治学校外交系，他的英语基础颇为扎实。加之中文写作水平以及记忆力好，金庸很快适应了这份工作，深受同事与上司的好评。当年的总编汪远涵先生回忆：“他行文流利，下笔似不假思索……查良镛还编过一个副刊。”1988 年，在音讯不通、暌违多年之后，金庸致信给这位当年的老上级：“承不以浅薄见弃，遽授以编辑一版幽默副刊，我以咪咪博士之笔名与读者嘻嘻哈哈；相隔四十年，往事仍如在目前。”

深感自己学识不足的金庸，在《东南日报》工作期间，还曾一边工作，一边意欲报考向往已久的浙江大学研究生，并与时任浙大校长竺可桢有过一席之谈。最后终因

经济困顿等原因与求是园失之交臂。

金庸在杭州《东南日报》工作的时间虽不足一年，但杭城的山山水水和众多古刹、街巷，无不留下他的足迹，并让他记忆深刻。一二十年之后，身在香港的他让其小说中的人物，代其一次次地回到杭州，与读者一起欣赏、品味这里的湖光山色和古都神韵。1947年的10月，金庸在考取《大公报》的职位之后，辞职离开《东南日报》，告别杭州，闯去上海。

坐落于泸溪县浦市镇的湖光农场联络处旧址

十二 最爱钱塘行不足

关于杭州，中国有一句人所皆知的谚语：上有天堂，下有苏杭。

却说这句名言，第一次见之于元代女真族散曲家奥敦周卿的《双调蟾宫曲·咏西湖》：

西湖烟水茫茫，百顷风潭，十里荷香。宜雨宜晴，宜西施淡抹浓妆。尾尾相衔画舫，尽欢声无日不笙簧。春暖花香，岁稔时康。真乃上有天堂，下有苏杭。

话说民国初年，一个四川垫江(今属重庆市)的土乡绅，儿子已经考取官费赴美留学。当年全国一共考中十名。土乡绅大喜，又送二儿子到上海读书，想起别人说过的话："人生不到西湖，无异虚度一世。"于是畅畅快快玩了一次西湖。他就是著名农业经济学家董时进的父亲。可见西湖早为神州名胜。

雨后西湖（里尔 摄）

1953年早春，金庸（左一）和同学沈德绪（右二）在杭州西子湖畔（蒋连根提供）

抗战胜利后的1946年，金庸正式进入位于杭州众安桥的东南日报社，负责收听英语的国际新闻广播，翻译、编写国际新闻稿。其间，他经常与友人同事到天香楼喝陈年花雕，以鲥鱼佐酒。也时常流连湖上，去过吴山的月下老人祠，多年后还能记诵月下老人祠的那副对联："愿天下有情人，都成为眷属；是前生注定事，莫错过姻缘。"

然而，要说这是金庸第一次来杭州，不可能也。君若不信，试读他的发硎之作《书剑恩仇录》，即可知。该书第七回，写红花会自西北到杭州解救文泰来。谁知到杭之后，查不出半点消息。陈家洛遂带心砚到湖上散心：

"在苏堤白堤漫步一会，独坐第一桥上，望湖山深处，但见竹木阴森，苍翠重叠，不雨而润，不烟而晕，山峰秀丽，挺拔云表，心想：袁中郎初见西湖，比作是曹植初会洛神，说道：'山色如娥，花光如颊，温风如酒，波纹如绫，才一举头，已不觉目酣神醉。'不错，果然是令人目酣神醉！"

"他幼时曾来西湖数次，其时未解景色之美，今日重至，才领略到这山容水意，花态柳情。凝望半日，雇了一辆马车往灵隐去看飞来峰。峰高五十丈许，缘址至颠皆石，树生石上，枝叶光怪，石牙横竖错落，似断似坠，一片空青冥冥。"

"幼时"这两句，写得贴切细腻，不能不看成夫子自道。也只有夫子自道，才能写得如此委婉多情，惟妙惟肖。

"江南忆，最忆是杭州。"

杭州忆，当然最忆是西湖。

《书剑恩仇录》屡屡出现西湖，那是金庸最爱的杭州美景。陈家洛夜探禁所后，引乾隆夜斗西湖，龙骏、褚圆、白振这三名武艺最高的侍卫已被赵半山、无尘打得狼

1996 年 11 月 5 日，金庸参加完捐赠云松书舍仪式后，由时任杭州市副市长吴健、浙江省政府副秘书长周洪昌、园林文物局局长施奠东、市侨办主任汪金熙一起陪同游览西湖（耿乙匀提供）

1997年4月3日，金庸与原杭州大学人文学院师生在西湖游览（浙江大学档案馆提供）

狈不堪，那一番争斗，机巧百出，看得人瞠目结舌。谁料几回之后，金庸又在西湖上安排了一场更精彩的文戏：在全城名妓中点花国状元，“钱塘四艳”皆与会，撩得乾隆春心大动。玉如意吟唱《桃花扇》中的“访翠”一曲，边唱边眼波流转，打量乾隆。乾隆心想自己微服出游，竟然见赏于名妓，这全凭自己真材实料，当年红拂巨眼识李靖，梁红玉风尘中识韩世忠，亦不过如此。于是立马赏赐黄金，最后还拿出一包东西助玉如意抢状元。袁枚、厉鹗、赵翼、沈德潜这帮大诗人、大文豪打开一看，一是祝允明写的李义山诗，一是唐寅的簪花仕女图，再一是“今上御笔”了。大家吓了一跳，状元自然非玉如意莫属。

尽管年少时的西湖记忆最为珍贵，到后来，金庸还是重游了杭州的许多美丽景点。此时他已身得大名，声动海外，但这也给他的出游带来了许多不便：仰慕他的读者实

上：2003 年 7 月 25 日，79 岁的金庸在杭州剧院举行演讲会（潘海松 摄）
下：被摄像机包围的金大侠（杨晓轩 摄）

2003 年 7 月 25 日，金庸在杭州剧院举行演讲后，为热情的读者签名（杨晓轩 摄）

2003 年 7 月 25 日，79 岁的金庸在杭州剧院举行演讲，与读者互动（潘海松 摄）

在太多，常常被留住问候、签名。留给他静观西湖美景的时间实在太少太少。所以到杭州，尽管他住过不少酒店，但他最喜欢的还是湖滨的凯悦酒店。在客房的大窗，就可以观西湖烟水明灭，湖边的喷泉时不时还伴着音乐冲天而起。公务、教务之暇，他喜欢和一二同伴，悄悄到杨公堤上的郭庄。那是一座建于晚清时候的私家园林，建于宋氏，后归郭氏。郭庄正对西湖，是西湖诸庄园中最富古趣者。金庸到此品茗、观景，想些事情，平静一下心情。据常陪伴他的浙大徐岱教授说：这是他主动要求去得最多的西湖景点。

2002年5月13日，金庸来杭州参加了浙江广播电视集团主办的“红蜻蜓·故土情深”大型文艺晚会（潘海松 摄）

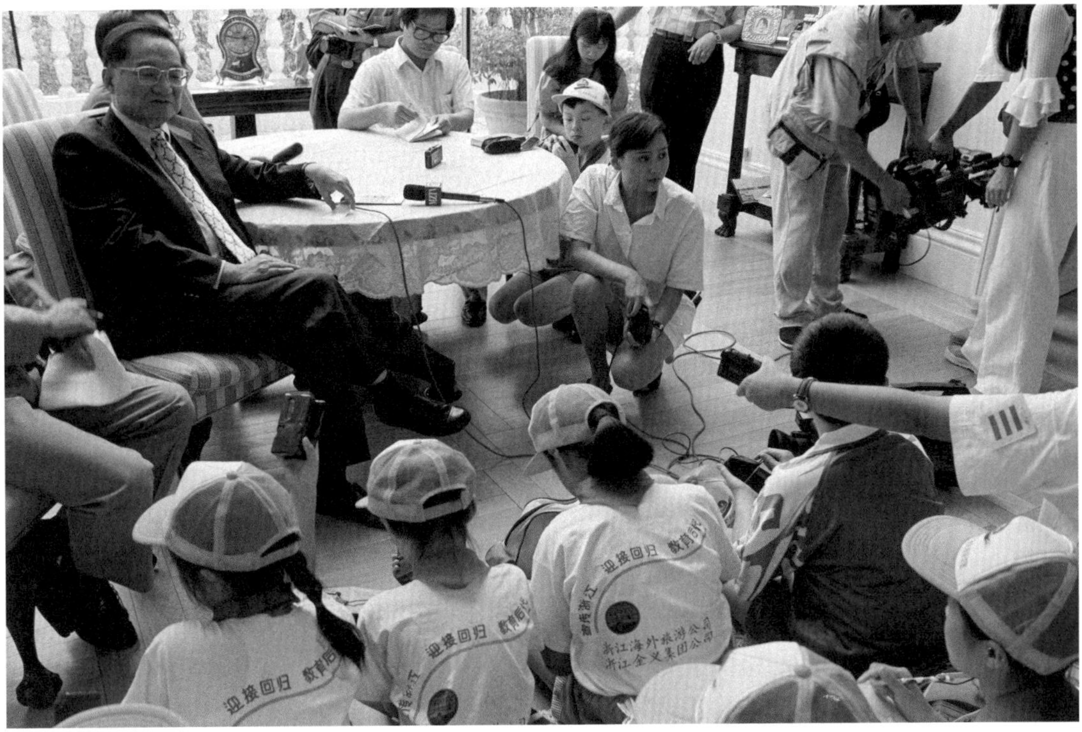

1997年，香港回归前，金庸在香港接受浙江小记者们的采访（马延涛 摄）

查太太最了解金庸对杭州的情感。就在本书酝酿期间，她对此书的作者透露过金庸的心境：他一生最喜爱的城市确是杭州，确是有过在杭州终老的念头。为此还很早就在九溪玫瑰园买过一套别墅。只是因为在香港生活长久、医疗服务较为方便等原因，终于未能实行。所以当年金庸拟装修别墅时，曾让施工负责人前往浙大探询教授的意见。原来他想腾出一间作为客房，在与浙大教授坐而论道、用餐品茗后，不要让他们赶许多路回家，索性可以下榻于此。

雨后西湖，雾衬荷花（阿庆 摄）

他记挂杭州，杭州也记挂他。

2007 年，杭州市授予金庸先生“杭州市荣誉市民”称号。在获得称号前，他还向记者探问此事的细节。当记者问他是否会接受这个荣誉称号时，他回答说：“我很乐意做杭州荣誉市民。我现在基本谢绝与读书无关的应酬。但是如果需要我参加接受荣誉市民的仪式，我会去参加！”

杭州，与历史上多少文人大家结合在一起。她也与金庸相结合，百年千年。

十三 新建书舍赠杭州

《笑傲江湖》是金庸的得意之作，东方不败、葵花宝典、令狐冲、小师妹等词汇已成为当代文化中的热门词汇。然《笑傲江湖》写到的杭州，论生动和别开生面，并不输于上述诸条。

我说的是梅庄。

话说令狐冲跟随向问天来到杭州。“杭州古称临安，南宋时建为都城，向来是个好去处。进得城来，一路上行人比肩，笙歌处处。”而西湖边，但见“碧波如镜，垂柳拂水，景物之美，直如神仙境地。”“向问天一笑，纵马来到一个所在，一边倚着小山，和外边湖水隔着一条长堤，更是幽静。两个下了马，将坐骑系在河边的柳树上，向山边的石级上行去。”“转了几个弯，遍地都是梅树，老干横斜，枝叶茂密，想像初春梅花盛开之日，香雪如海，定然观赏不尽。”

“穿过一大片梅树，走上一条青石板大路，来到一座朱门白墙的大庄院外，行到近处，见大门外写着‘梅庄’两个大字。”令狐冲在这里剑败琴、棋、书、画“江南四友”，与任我行大战一场。其间兔起鹘落，种种匪夷所思，看来令人沉迷。

如论今日梅庄，当推云松书舍。

从杨公堤自北向南，行过两三箭之地，便见右侧有一小路，为赵公堤，过毓秀桥，便是金沙居。一边是白墙黑瓦，一边是清溪野林，虽近繁华之地，却是人声罕闻，野趣满满。再往前走，越过一条马路，便见一个亭子，中有乾隆御碑“双峰插云”。亭侧有条小路，伸向林中。顺行数十步，眼前豁然开朗，只见右边一排房子，其门朝北，小路正好侧面伸向大门。大门上的匾额，上题“云松书舍”四个大字。两旁对联“飞雪连天射白鹿，笑书神侠倚碧鸳”为金庸手题。

迈得门来，左右回廊，中间是一个天井。一边墙上镶着一方大青石，刻《云松书舍碑记》，介绍了书舍的修建过程：书舍于 1994 年 10 月奠基，1996 年 6 月竣工，总面积 3200 平方米，建筑面积 1100 平方米，共花费人民币 1400 万余元，为金庸先生所出。

从天井北边出门，视界顿时开阔：只见一条小道，蜿蜒向左前方延伸，经过一幢小楼，跨水而过，终结于正对的一排主楼。园内北边，地势隆起，一座小亭翼然立其上。那幢小楼，却为书房，从门窗望入，可见大批书籍。主楼为东西延伸的一排建筑，二楼正中为金庸卧室。

云松书舍正门（本篇照片如无标注，均为尹炳炎摄）

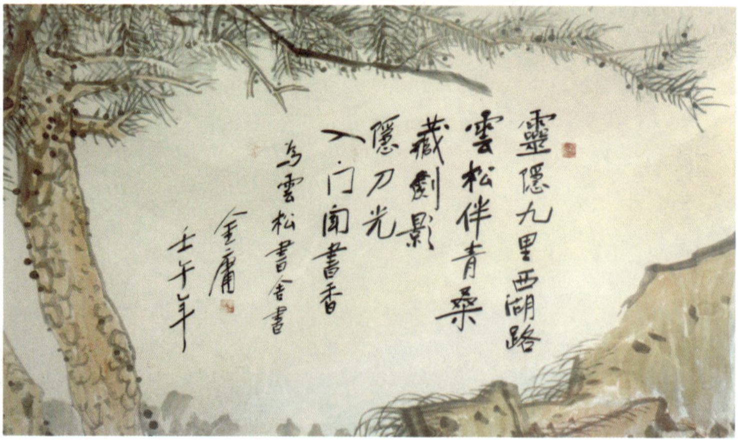

云松书舍一角

当年修建云松书舍，金庸先生与杭州市政府有约定，是为金庸先生创作、休息、聚亲会友而用。先生百年之后，书舍整体包括内部设施，均无偿赠送给杭州市人民政府，其家属亲友将不予继承。

书舍落成之日，金庸兴致盎然地为其剪了彩。但由于馆舍刚成，住宿不便，他还是下榻在黄龙饭店。但仅仅是落成之后的一年多，金庸就决定将书舍彻底捐赠，个中款曲，猜测颇多。最主要的，是他觉得书舍建得太漂亮了，又在寸土寸金的西子湖畔，自己一年难得抽个十天半月来此小住，个人消受不起，理应让广大市民分享。杭州市人民政府为此专门主持了捐赠仪式对金庸的高风亮节予以表彰。

据当时负责书舍管理的耿乙匀女士回忆，查先生一天都没有在书舍住过，有关部门觉得有憾，还是专门安排金庸先生来此小住。时当 2004 年春，金庸先生携夫人及

金庸在云松书舍为读者题签（耿乙匀提供）

1996 年，金庸和万学远、汪道涵、张浚生观看云松书舍内的纪念碑刻（钱永安 摄）

二三好友来到这里，纹枰对弈。晚饭与亲朋聚餐。餐后，金庸先生在卧室里坐下，却面对着小山一般的武侠小说，他必须在每一册上签名相赠。金庸先生题字又非常之认真，除了签名还要写一两句合适的相关话语。尽管他才思敏捷，毕竟年纪大了，写啊写啊，一直写到晚上十点多，夫人看了心疼，让他搁笔就寝。这就是金庸先生在云松书舍难得的一晚，由与他最投缘的原浙江大学党委书记张浚生教授夫妇相伴入住——这距他捐赠，已是八年之后了。

鉴于江南的环境，2009 年，杭州市园文局专门对书舍进行了全面整修，对一些基础设施也彻底进行了改造，特别在陈设和工艺美术方面大大提高了档次水平。目前，云松书舍完全免费开放，让游人观赏游览。游客至此，赏心悦目之余，可一览大侠风采。

云松书舍一角

十四　寻味江南杭帮菜

美食在世，固有定评：世界美食，首推我华夏。法国、土耳其等，亦大有可观。然而对于个人，童年尝过的美食定为他一生永远铭记。

金庸在杭州，最为中意的应该是奎元馆的虾爆鳝面了吧。仅仅以 1996 年一年中，他就三次光顾奎元馆。

第一天，群贤毕至。店家则做了充分准备。等金庸入座时，餐桌中央已摆上以食材雕刻成的“松鹤延年”，四周围上了该饭店的拿手菜。随后，给金庸等人上了最能代表本馆特色的八种面条：

——虾仁爆鳝

——金秋蟹黄

——三元甲鱼

——财运鲍鱼

——蕃虾蝴蝶

——西湖鳜鱼

——雪菜冬笋

——贝松螺纹

有人向金庸先生介绍：该馆号称“江南面王”。品尝了美味且十分满意的金庸先生于是挥毫写下十个字：

杭州奎元馆，面点天下冠。

第二天，金庸携夫人悄然重访这间店，对服务员说：什么菜也不要，就吃面。他们单点了虾仁爆鳝面，边吃边说：“好香，好香”。这碗面，50 年前金庸就在老字号

金庸与伊家鲜老板伊建敏在古杭薰风阁（本篇图片均由伊建敏提供，尹炳炎翻拍）

奎元馆吃过。今日品来，极外香浓。应工作人员的邀请，金庸笑呵呵地和大家合了影，并留下一句话：还要再来！果然，后来他又携夫人再次光临，并探问做法和历史渊源，尔后欣然命笔：“奎元馆老店，驰名百卅载。我曾尝美味，不变五十年。”

伊家鲜坐落杭州市天目山路与保俶路的交叉口，关键是离金庸任职的浙江大学人文学院千米左右。2004 年 4 月 6 日，人文学院邀金庸院长携夫人来此就餐。那天，金庸先生品了一点窑藏多年的绍兴花雕，品尝了丰盛的杭帮菜后，心情大好，信口题诗：

世上处处有仙味，

伊家鲜味大不同。

醉倒洪七公——

沉吟之际，人文学院的一个教授乘兴接上一句：

拜倒小黄蓉——

金庸和伊建敏交谈

金庸在品尝美食

金庸给宏丽宾馆和伊建敏题字

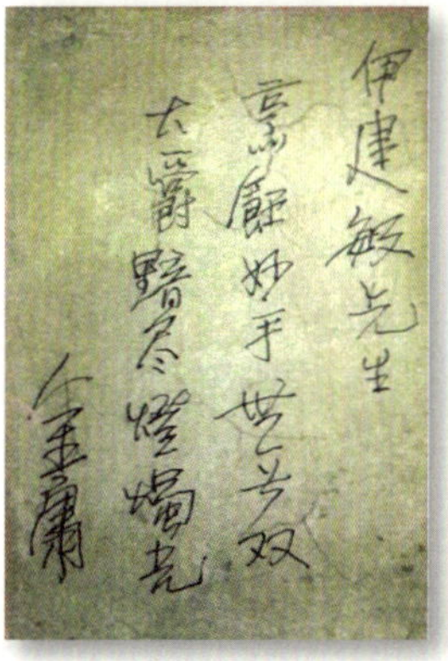

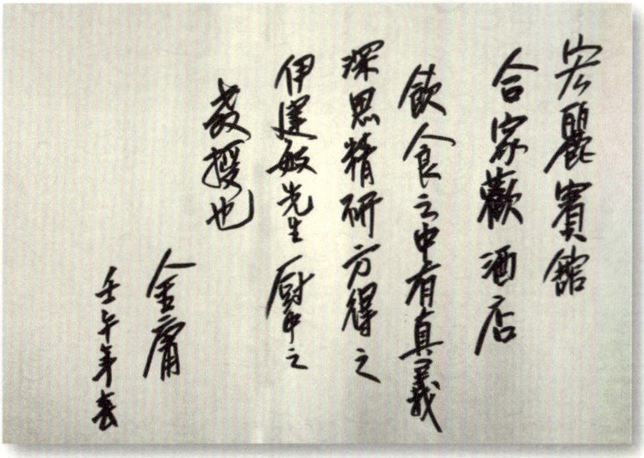

金庸先生结句：

题字有金庸！

众人大笑！

其实，伊家鲜第一次与金庸结缘，始于此两年前。那天浙江大学人文学院的领导到机场接上金庸先生后，突然想到还没安排吃饭的去处。情急之下，电话打给了亲戚老板。那时还在宏丽宾馆开合家欢的伊建敏经理大喜，马上上街选菜。他来到菜场，张嘴就要好东西，不论价钱，结果拿到了一条四斤多的罕见野生大黄鱼。伊经理说：野生大黄鱼生活在较深的海里，所以一出海就受不了，内脏半吐在外，假冒不来。当时市场上野生大黄鱼已极为罕见，伊经理说：真是先生有口福。此菜一上，满座惊叹。

这一天还阴错阳差创出了一道新菜。原来金庸先生到后，有点饿。有人提议上杭城名面片儿川。厨师忙中出错，将片好的象鼻蚌当成面条倒进了锅中的高汤里。伊建敏也是急中生智，端了汤上去说：广东、福建人饭前喝汤，今天大家先喝碗汤试试。一喝，味道意外好！原来象鼻蚌都是生吃的，这次误打误撞，倒使店家有了创新菜的念头。经过精心的加工完善，从此，浓汤象鼻蚌成为该店的金字招牌菜，来吃饭的客人大多要点上品尝一番。这道自创菜在首届《百家食谱》美食精品大赛中荣获银勺奖。也就是在此后，伊建敏决定独立门户，金庸先生以“暖风熏得游人醉”中化出“古杭薰风阁”为之取名，并亲笔题写店名。

左：金庸题的古杭薰风阁
右：金庸给浙大教授张梦新的书信

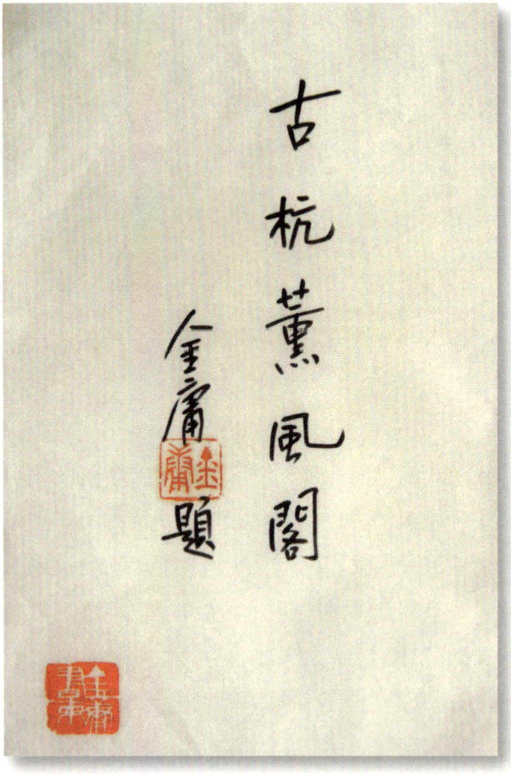

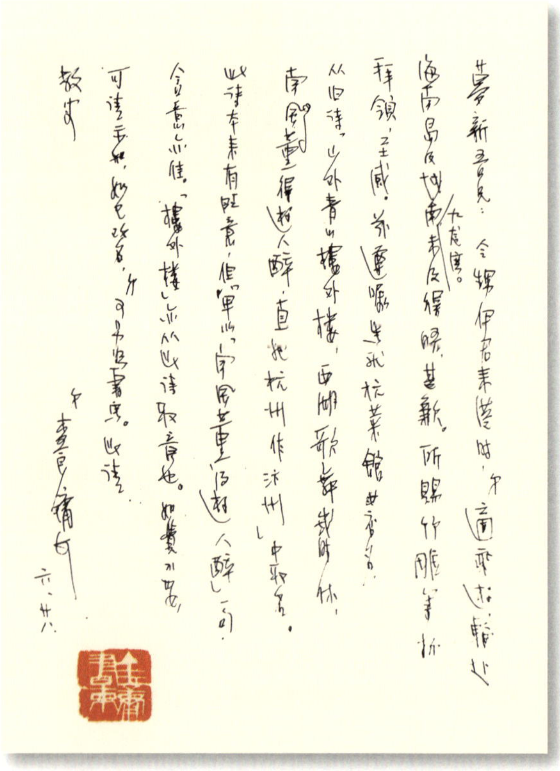
梦新吾兄：今将伊君来信附上，弟适离港赴
海南岛度假，返九龙寓后得晓，甚歉。所赐竹雕笔筒
拜领，至感。弟适喜欢杭菜馆的店名，
从旧诗“山外青山楼外楼，西湖歌舞几时休，
南风薰得游人醉，直把杭州作汴州”中取名。
此诗本来有贬意，但以“南风薰得游人醉”一句
含意亦佳，“楼外楼”亦以此诗取意也。如要不要，
可请无知，如已改名，弟可另写书写。此请
教安
弟 金庸 敬上
六、廿八

金庸夫妇在伊家鲜品尝美食

文人吃饭，不能完全跟常人一般只顾信口大嚼，正如《笑傲江湖》祖千秋对令狐冲所云：“你对酒具如此马虎，于饮酒之道，显是未明其中三昧。”2000年的中秋节，还是浙江大学人文学院，邀金庸在刘庄观月，品尝杭帮菜。金庸吃得兴起，发出酒令，让大家轮流说一句带月的诗词成语。在坐皆是饱学之士，随手拈来，笑声阵阵，也算是杭州美食界一次盛事了。

最好的美食，还是来自不经意之间。应该是2005年吧，金庸在参加一个会议。会中无聊，有人发起逃会之议。于是一群人浩浩荡荡涌到慧娟面馆望江门店。这是一个杭州本地的中年妇女开的面店，不算高档，但在杭州颇有声誉。它的每一碗面都是单独烧的，绝不是几碗拼在一起烧。既无记者朋友的捧场，也无有关部门刻意的安排，现场无人关注，轻轻松松自由适意，七八个人吃得大喜而归！

十五 杭州大学初结缘

金庸对杭州是情有独钟，于是乎就有了“云松书舍”“杭州大学名誉教授”“浙江大学人文学院院长”等一系列的渊源。这不仅源于他是浙江人，还在于他年轻时曾在杭州的东南日报社工作，这也是他后来投身报业的开端。先生之于杭州的情愫愈到晚年愈浓，近日笔者赴港探望 90 高龄的金大侠，一说到杭州，那慈爱的眼神中分明流露出了许多的不舍。查太太再三叮嘱我，不提杭州了吧，杭州是先生最喜欢也是最向往的城市。若非高龄，先生必重归杭州。

早在 20 世纪的 90 年代初，金庸就开始回馈故里，捐资母校嘉兴一中的图书馆，捐建杭州云松书舍给杭州市政府等。期间由于工作关系和投缘，浙江省侨办主任杨招棣与金庸成了好朋友，因杨招棣老师是从原杭州大学历史系出去的，与金庸初次见面即谈史论道好不投缘，金庸曾对杨说自己要写一部《中国通史》，先生对历史研究独树一帜，认为少数民族的融合是推动中国历史进步的重要力量，他说要从这个视角来写中国通史。其实金庸两度远赴剑桥求学所做的毕业论文皆是研究历史的大作。可见先生的思考之远，研究之深。这也是对当年某些人对查先生是否够格当教授的最好回应，当然这是后话。

杨招棣主任出于对母校的偏爱，也就成全了金庸的第一次杭州大学之行。也许让杨招棣主任没有想到的是，这一次的偏心，铸就了金庸与浙江大学的终身情缘。从 1992 年直到现在，金庸与浙江大学不离不弃已 22 年有余。正乃千里姻缘一线牵，饮水不忘挖井人。笔者访问媒人杨招棣老先生时，杨老对这段历史娓娓道来，不胜感慨。金庸对当时的杭州大学倍加赞赏，尤其是杭州大学的文、史、哲，因当时杭州大学文科在全国高校曾有“富农”之誉。因为有了 1992 年的金庸访问杭州大学，便有了

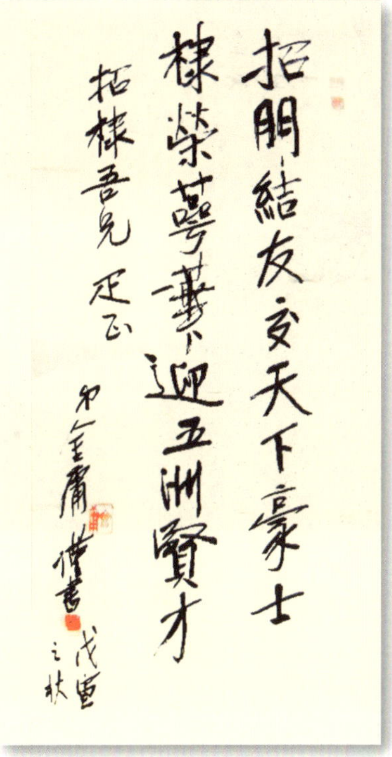

左：杨招棣文集《人迹板桥霜》，金庸题书名（何春晖提供）
右：金庸先生为老友杨招棣（原浙江省侨办主任）题词（杨招棣提供）

1993 年原杭州大学党委书记薛艳庄和校长沈善洪的赴港专访金庸，据薛艳庄教授回忆，当时探访金庸还带了“媒人”杨招棣主任专门为金庸定制的龙泉宝剑一把，剑上还刻有金庸的大名，为带宝剑顺利过关还托了不少关系。金庸收到宝剑后即让客人回赠《天龙八部》一套，并在书的扉页上题字“招棣吾兄请正，深谢相赠宝剑”。其实杨老是金庸在浙江最亲密的朋友之一，金庸在 20 世纪 90 年代访问浙江，杨老必陪同左右。金庸文思敏捷，曾为杨招棣题词：“招朋结友交天下豪士，棣荣萼华迎五洲贤才。招棣吾兄雅正，弟金庸谨书，戊寅之秋。”杨老晚年的文集《人迹板桥霜》也是金庸给题的书名。金庸与杨家交情深厚，2002 年 5 月， 杨招棣之女杨芳菲在浙江大学西溪校区图书馆举办“北极探险之旅——校友杨芳菲摄影展”，金庸推掉了重要的应酬专门为她致辞剪彩，还说“如果我再写武侠小说的话，我就写你叫西湖女侠”。

杨招棣与金庸在一起（杨招棣提供）

2002 年 5 月 23 日，金庸参加杨芳菲摄影展（杨芳菲提供）

金庸参加杨芳菲北极探险之旅展览（杨芳菲提供）

金庸给杨芳菲的题词（杨芳菲提供）

1993 年，原杭州大学薛艳庄（左）书记和沈善洪（中）校长赴港拜访金庸（薛艳庄提供）

话说薛艳庄书记和沈善洪校长的赴港专访金庸，在这次拜访中，杭大的书记校长当面盛情邀请金大侠出任杭州大学名誉教授，支持杭州大学尤其是文科的建设。金大侠爽快应允，来年 1994 年春暖花开的 4 月，金庸如约来到了西子湖畔，杭州大学的金庸名誉教授授聘仪式隆重举行。 在授聘仪式上，金庸兴奋地说：“我是海宁人，但原先海宁隶属杭州，所以我也算一个杭州人。作为一个杭州人，今天能成为故乡著名大学的教授，我感到特别地荣幸和高兴。”金庸终于戴上了杭州大学的校徽。1995 年又戴上了浙江大学的校徽。

左：1994 年 3 月关于聘请金庸先生为杭州大学名誉教授的请示
右：浙江省教育委员会同意聘金庸为名誉教授的批复
（浙江大学档案馆提供）

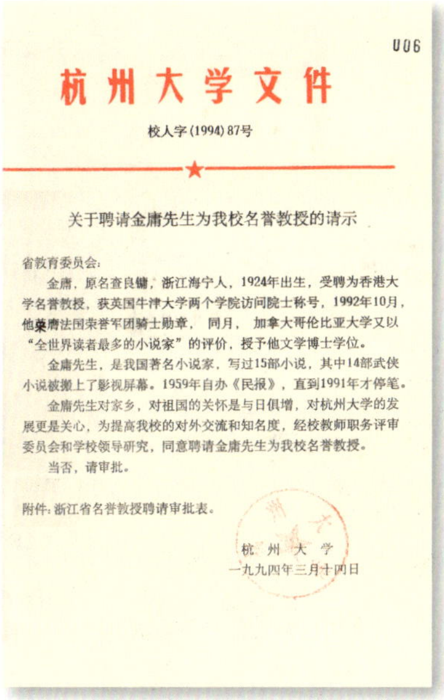

U06

杭州大学文件

校人字(1994) 87号

关于聘请金庸先生为我校名誉教授的请示

省教育委员会：

金庸，原名查良镛，浙江海宁人，1924年出生，受聘为香港大学名誉教授，获英国牛津大学两个学院访问院士称号，1992年10月，他荣膺法国荣誉军团骑士勋章，同月，加拿大哥伦比亚大学又以“全世界读者最多的小说家”的评价，授予他文学博士学位。

金庸先生，是我国著名小说家，写过15部小说，其中14部武侠小说被搬上了影视屏幕。1959年自办《民报》，直到1991年才停笔。

金庸先生对家乡，对祖国的关怀是与日俱增，对杭州大学的发展更是关心，为提高我校的对外交流和知名度，经校教师职务评审委员会和学校领导研究，同意聘请金庸先生为我校名誉教授。

当否，请审批。

附件：浙江省名誉教授聘请审批表。

杭州大学

一九九四年三月十四日

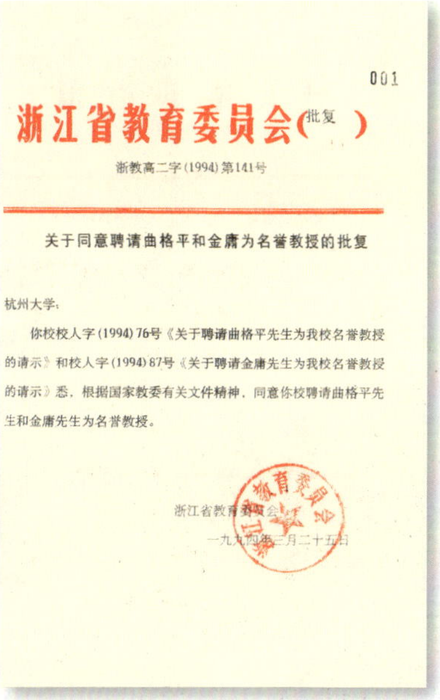

001

浙江省教育委员会(批复)

浙教高二字(1994)第141号

关于同意聘请曲格平和金庸为名誉教授的批复

杭州大学：

你校校人字(1994) 76号《关于聘请曲格平先生为我校名誉教授的请示》和校人字(1994) 87号《关于聘请金庸先生为我校名誉教授的请示》悉，根据国家教委有关文件精神，同意你校聘请曲格平先生和金庸先生为名誉教授。

浙江省教育委员会

一九九四年三月二十五日

1994 年 4 月 10 日，杭州大学查良镛名誉教授授聘仪式现场（浙江大学档案馆提供）

1994 年 4 月 10 日，杭州大学举办查良镛名誉教授授聘仪式现场（浙江大学档案馆提供）

金庸加盟杭州大学，无疑是众望所归，这不仅源于 20 世纪 80 年代开始的民间的金庸武侠小说热，据前辈们回忆，当时杭州大学的领导班子成员就有一大半是金庸迷，师生中金迷更是层出不穷。金庸在杭州大学兴起的不是一般的武侠小说的热浪，金庸的到来无疑对金庸武侠小说的研究也注入了新的活力，学校为此成立了金庸研究中心，时任杭州大学中文系的系主任陈坚教授亲任研究中心主任，吴秀明教授担任副主任。

1994 年 4 月 10 日，杭州大学金庸著作展览现场
（浙江大学档案馆提供）

1994 年 4 月 10 日，金庸在展览现场与陈立（右一）老校长、郑造恒
（左一）书记、张金山（左二）亲切交谈（浙江大学档案馆提供）

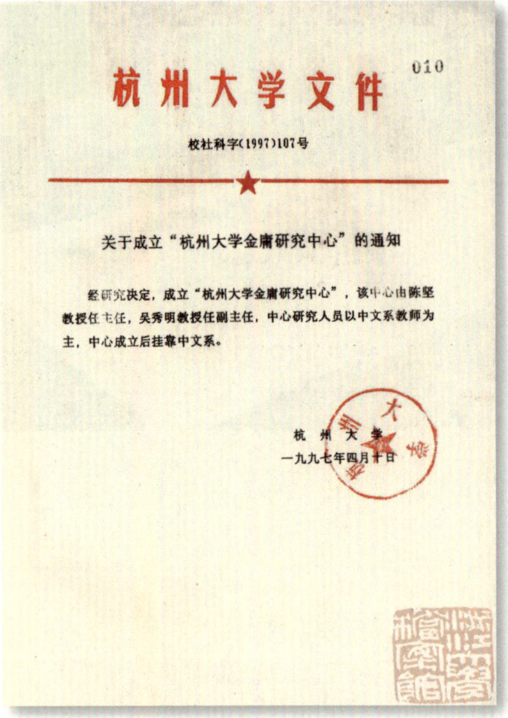

杭州大学文件

010

校社科字(1997)107号

关于成立"杭州大学金庸研究中心"的通知

经研究决定，成立"杭州大学金庸研究中心"，该中心由陈坚教授任主任，吴秀明教授任副主任，中心研究人员以中文系教师为主，中心成立后挂靠中文系。

杭州大学

一九九七年四月十日

1997 年 4 月杭州大学成立金庸研究中心的通知
（浙江大学档案馆提供）

1997 年 6 月，成立不久的杭州大学金庸研究中心于香港回归祖国的前夜，举办金庸学术研讨会。在学术层面上对金庸的武侠小说创作进行深入的探讨与研究，引起了海内外学术界的关注，金庸从新加坡专门发来贺电祝贺会议取得圆满成功。来自北京大学、复旦大学、南京大学、浙江大学、苏州大学及杭州大学的知名专家学者冯其庸、钱理群、吴中杰、朱寿桐、汤哲声等，浙江文学评论界的著名学者陈坚、郑择魁、肖瑞峰、廖可斌、韩泉欣、吴秀明、骆寒超、徐岱、金永汉、龙彼德、高松年、卢敦基等 80 余人参加了本次研讨会。浙江省作家协会主席、著名作家叶文玲参加了会议并作了热情洋溢的讲话。时任杭州大学党委书记郑造桓、党委副书记庞学铨及副校长王重鸣、胡建淼参加了会议并作了讲话。会议就金庸新武侠小说创作的现实主义精神、生命意识、人文关怀、爱国主义与民族观、历史观、道德观、爱情观、女性观及武侠小说的文体创新等方面展开了热烈的讨论，提出了一系列诸如"把金庸还给文学史""把金庸还给武侠小说""把金庸还给金庸"等有意味的话题，希望从中国新文学史、从通俗小说和武侠小说的本体、从金庸本身寻找金庸及其创作的应有位置，显示了金庸研究乃至以金庸为代表的通俗文学研究的最新成果和最新动向。

1997 年 6 月 11 日，金庸学术研讨会在杭州大学召开（吴秀明提供）

十六 浙大校徽亮晶晶

兴许金庸与杭州的情缘是注定的，在他结缘杭州大学后的1995年3月，浙江大学发文聘任金庸为名誉教授，当年签署聘书的路甬祥校长可能没有想到，这再一次的落笔已为四校合并后的1999年金庸出任人文学院院长预埋下了可喜的种子。到1998年潘云鹤校长执掌新浙江大学，给大侠再抛绣球时，大侠义无反顾给了新浙大一份厚礼，这是后话。

1996年11月5日，金庸携夫人再次如约杭州，光临美丽的玉泉校区，求是园沸腾了，金迷们把邵科馆挤得水泄不通，500余名师生在邵科馆济济一堂为金庸举行了隆重的名誉教授授聘仪式，当浙大党委书记梁树德为金庸佩戴上浙江大学的校徽时，全场掌声雷动，此时主席台上就坐的有浙江省省长万学远和新华社香港分社副社长张浚生。

1996年11月5日，浙江大学胡建雄副校长与师生们一同欢迎金庸来到浙大邵科馆（严炳源 摄）

金庸夫妇与校领导一一握手（严炳源 摄）

全场的热情让金庸无比激动，他深情地说："1947 年，竺可桢先生任浙江大学校长时，我在《东南日报》当记者，我想进浙大读硕士学位，因为经济问题不能放弃记者的职业而没有读成。但当时竺先生对我说的一番话我一直铭记在心，他说'一个人求学问不一定要有学位，在哪里都可以做学问；第二，做学问是为了服务大众，你当记者就是为大众服务。这是浙大给我的教诲。"先生如斯说更是如此做的，一生为学，年过八旬仍漂洋过海去剑桥求学，这实乃浙大人的楷模。更有意味的是，金庸与浙江大学三代校长竺可桢 、路甬祥 、潘云鹤，就这样不期而遇了，历史原来可以如此有趣有味，金庸与浙江大学如此的心有灵犀！

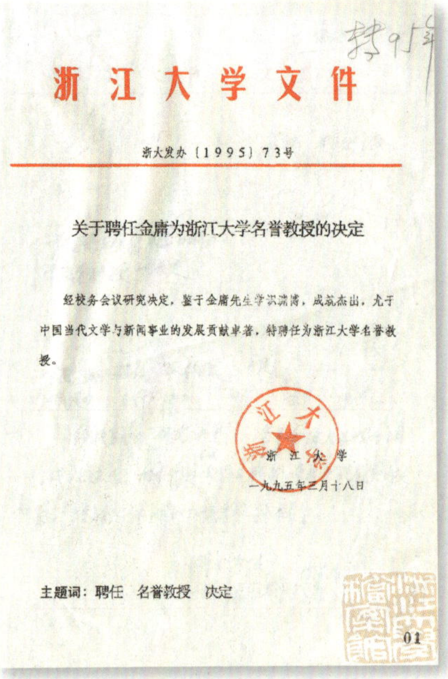

浙江大学文件

浙大发办〔1995〕73号

关于聘任金庸为浙江大学名誉教授的决定

经校务会议研究决定，鉴于金庸先生学识渊博，成就杰出，尤于中国当代文学与新闻事业的发展贡献卓著，特聘任为浙江大学名誉教授。

浙江大学

一九九五年三月十八日

主题词：聘任　名誉教授　决定

01

1995 年 3 月 18 日，关于聘任金庸为浙江大学名誉教授的决定（浙江大学档案馆提供）

1996 年 11 月 5 日，浙江大学在邵逸夫科学馆举行授予金庸先生名誉教授典礼（严炳源 摄）

上：浙江大学授予金庸先生名誉教授典礼上，金庸向来宾及浙大师生致意
下：省长万学远和金庸夫妇在亲切交谈
（严炳源 摄）

当天戴上浙大校徽的金庸即兴致勃勃地给浙大师生作了“浙江学人与学风”的学术报告。尽管是学术报告，但先生的机智幽默风趣，不时引领会场掌声四起，欢声笑语不绝，在提问环节，有位学生十分急切地想偷他的“拳头”，问道：金庸先生，文章怎样才能写得好？金庸一本正经地向他传授了“秘诀”：你把中国的古典文学名作背它二三十篇，背得滚瓜烂熟，你的文章自然就会写得好起来了。闻此言，众人皆笑。笑过后，却也悟出了一些道理。

浙大党委书记梁树德给名誉教授金庸聘书（吴永志 摄）

在报告会后，金庸对情绪热烈的满场学生风趣地表达了他的心意：我愿意给每一个人签名，和每一个人合影。这样，你们就永远不会忘记我了。可惜，要兑现这“许诺”时，74 岁的金庸“功夫”显然不够了。散会时，学生像潮水般向他围拥过来，有的摊开笔记本，有的捧着他的作品，还有的高举着照相机，这阵势，决非短时间内可以解决问题。保卫人员连忙筑起一道人墙“掩护”金庸撤退。

金庸接受浙大名誉教授一职后，就特别关注浙大人文学科的发展，1995 年出资 20 万港币，在浙大设立“金庸人文研究基金”，以资助人文诸学科的研究，资助贫困学生和奖励优秀教师。“金大侠”是侠骨柔肠的“金大侠”。在他 1999 年走马上任人文学院院长后，就和夫人商量，把浙大每月给他的薪水继续注入“金庸人文基金”中，

上：金庸在看金庸人文基金研究会章程（邢东文 摄）
下：浙江大学人文基金研究会章程（浙江大学档案馆提供）

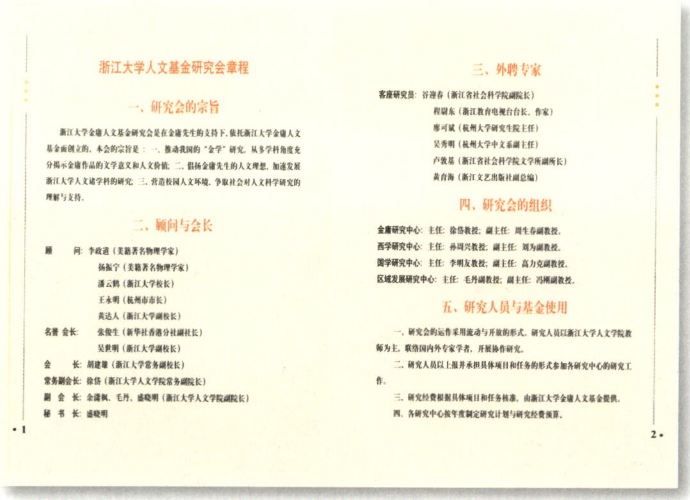

浙江大学人文基金研究会章程

一、研究会的宗旨

浙江大学金庸人文基金研究会是在金庸先生的支持下，依托浙江大学金庸人文基金而创立的。本会的宗旨是：一、推动我国的“金学”研究，从多学科角度充分揭示金庸作品的文学意义和人文价值；二、倡扬金庸先生的人文理想，加速发展浙江大学人文诸学科的研究；三、营造校园人文环境，争取社会对人文科学研究的理解与支持。

二、顾问与会长

顾　　问：李政道（美籍著名物理学家）
杨振宁（美籍著名物理学家）
潘云鹤（浙江大学校长）
王永明（杭州市市长）
黄达人（浙江大学副校长）
名誉 会长：张俊生（新华社香港分社副社长）
吴世明（浙江大学副校长）
会　　长：胡建雄（浙江大学常务副校长）
常务副会长：徐岱（浙江大学人文学院常务副院长）
副 会 长：余潇枫、毛丹、盛晓明（浙江大学人文学院副院长）
秘 书 长：盛晓明

• 1

三、外聘专家

客座研究员：谷迎春（浙江省社会科学院副院长）
程蔚东（浙江教育电视台台长、作家）
廖可斌（杭州大学研究生院主任）
吴秀明（杭州大学中文系副主任）
卢敦基（浙江省社会科学院文学所副所长）
黄育海（浙江文艺出版社副总编）

四、研究会的组织

金庸研究中心：主任：徐岱教授；副主任：周生春副教授。
西学研究中心：主任：孙周兴教授；副主任：刘为副教授。
国学研究中心：主任：李明友教授；副主任：高力克副教授。
区域发展研究中心：主任：毛丹副教授；副主任：冯刚副教授。

五、研究人员与基金使用

一、研究会的运作采用流动与开放的形式。研究人员以浙江大学人文学院教师为主，联络国内外专家学者，开展协作研究。

二、研究人员以上报并承担具体项目和任务的形式参加各研究中心的研究工作。

三、研究经费根据具体项目和任务核准，由浙江大学金庸人文基金提供。

四、各研究中心按年度制定研究计划与研究经费预算。

2 •

帮助经济困难的同学完成学业，他回忆说：“我自己念书时家中清贫，读书也很困难，现在有条件了，就该帮助大学生们完成学业。”据徐岱教授回忆，人文学院高力克教授是第一个获基金支持的老师。依托于此基金，浙大还专门成立了金庸人文基金研究会，联络国内外专家，开展“金学”、人文诸学科及营造校园人文环境三项专题研究。

1997 年 4 月浙江大学百年校庆之际，金庸再次来到美丽的玉泉校园，为金庸人文基金研究会成立揭幕并参加了随后举行的金学研讨会。在这次研讨会上，金庸将就封

1997 年 4 月 4 日，金庸在人文基金会研究会成立仪式上向来宾致意（邢东文 摄）

金庸在仪式上致辞（邢东文 摄）

1997年4月4日，浙江大学金庸人文基金研究会成立仪式现场（邢东文 摄）

1997 年 4 月 3 日，金庸与浙江大学人文学院教职工座谈（沈斌 摄）

在浙江大学百年校庆迎宾酒会上，金庸与谈家桢院士夫妇、查济民夫妇合影（浙江大学档案馆提供）

笔多年后正在撰写的一部历史小说向读者透底，后又有记者采访问及历史小说之事，金庸解释说：“早就计划写了，但由于忙，至今未动笔，觉得史学根底不够深。想把这部小说背景放在汉、唐时代。”这也是他晚年未了的一大心愿。

金庸对浙大的情和爱是如此真切，浙大百年校庆期间，金庸还为浙大邀来了海宁查家兄弟、香港著名实业家查济民先生和夫人刘璧如女士。校庆期间浙大授予查济民先生名誉教授、刘璧如女士客座教授仪式在邵科馆演讲厅举行。查济民先生筹资 2000 万美元，设立了“求是科技基金会”，重奖为我国科技事业作出突出贡献的科学家。1997 年 9 月，求是科技奖第二次颁奖会首度到“求是”精神发源地浙江大学举行，更为弘扬与远播母校倡导的“求是”精神作出贡献。金庸在求是科技基金会颁奖会上发表了热情洋溢的致辞，这是查氏家族与求是园的一段佳话。

1997 年 4 月 2 日，金庸邀请查济民先生参加浙大百年校庆（浙江大学档案馆提供）

1997年9月17日，金庸出席“求是科技基金会”颁奖仪式并致辞（浙江大学档案馆提供）

十七 四字真言第一课

戴上浙大校徽的金庸，最大的心愿就是能在西湖边住下来读读书，会会小朋友，和小师弟、小师妹们谈诗赋文，可是赏心乐事。四校合并后的新浙大师生们，更是对新来的大侠院长充满了无限的期待，渴望聆听“金大侠”为他们传道、授业、解惑。

接收院长聘书后大侠是马不停蹄，尽心尽责，他与浙大人文学院下属的中文系、新闻系、哲学系、历史系、国际文化学系师生座谈交流授业心得，不辞劳苦地给学生们上课。

1999 年 4 月 8 日，新聘的新科院长金庸悄悄来到浙江大学人文学院一楼的一间小教室，开讲同学们期待的第一课，当金庸面带微笑健步走入课堂时，教室里顿时爆发出雷鸣般的欢呼声，涌进小教室的学生超出原定人数的 4 倍。这第一课完全是悄悄进

金庸上课（卢绍庆 摄）

金庸为学生授课（张梦新提供）

行的，就怕一旦消息传开把教室挤爆，无法收场。听课者或坐或站，或在窗台外倚着，他们中有教师、本科生、研究生及博士，大多数人手中都摊着听课笔记簿，书包里藏着一两本武侠书和签名本，有的还带来了录音机、照相机。黑板上写着“欢迎大师兄”五个粉笔大字，那是一名研究生自发写上去的。这样的欢迎词正合大侠心意，大师兄此番正是与自己的小师弟小师妹开聊来了。

“同学们，上课了！”金老师便坐到了讲台前。讲台上有两本书、一只鲜花花篮、三支粉笔和一杯袅袅冒热气的绿茶。这就是院长第一堂课的高规格待遇了。

和青年学子面对面地交流，虽说每次他在讲台上首先声明不谈武侠，学生们还是忍不住把憋在心中多年的问题争先恐后地向大侠倾诉，大侠总是侠骨柔情，老老实实地回答，于是乎堂堂课总免不了有武侠专题。趁机请大侠赐墨宝留念是必须的，课后等待签名的学生会把讲台团团包围，如果不及时抽身，下一堂的教师根本无法站上前台。讲课采取提问式，学生们叫“金老师”“查先生”“金大侠”的都有，提的问题也五花八门，大多有关武侠和人文精神。大侠用“太极推拿法”一一“摆平”。关于人文环境，金老师认为现代人压力很大，钱挣得多了，其实内心倒未必平静，越是科技时代，越是要发挥人文精神，因此对人文科学的研究就会很精彩。金庸对大家说，选择文、史、哲都是为了爱好而不是为了找份好工作，更不是为了赚钱。读书的快乐就是求知做学问，

金庸与浙大师生在一起（沈斌 摄）

不懂的东西懂了，想不通的问题想通了，这是最大的快乐。他认为科学发展的标志应是，人是否有幸福感。课中，有一位同学说金老师的笑容有沧桑感，也很神秘，是不是曾经很好地研究过厚黑学。金老师只说了一句："厚脸皮现在行不通了，还有可能犯法。"

讲课时间规定为 1 小时，金老师最后送给同学们四字真言："终身读书"——闷了、高兴了拿本书看看，一生做人都会很幸福。

下课后，大家忙着和金老师合影。金老师左手一个小师弟，右手一个小师妹，脸上永远挂着蒙娜丽莎般的神秘微笑。

院长的第二站是新闻系，作为《明报》的创始人，新闻的前辈，著名的报人，对新闻系的弟子格外垂爱，他更是授予了十二字的真经，"新闻必须真实，谣言不可传播"，面对弟子们的五花八门的问题，金老师一一回应。同学们的问题涉及人生、哲学、历史等。他还告诫学生，做学问有两个要点：一是要讲真话，哪怕杀头也不能讲假话，就像流传千古的齐国史官，就是被杀也要说真话；二是要有开放的思想和观念。

大侠的这些观念并非空穴来风，而是源于大侠的博览群书。金庸每每开讲时，总是在告诉学弟学妹们，读书是快乐的，读书是幸福的。先生在授聘仪式的讲话中就说到，他说“比如新闻系的学生，除了通晓新闻学理论，还须懂经济、科学、哲学等各科知识，博采众长”。有一堂课上大侠讲到这样一件事，说自己平时一有空就翻看《资治通鉴》，不能说背得出，但下面说什么故事都已经知道了，我看《资治通鉴》大概和各位看金庸小说差不多的喜欢。要说到用处的话，整个历史当然很有用。我现在在钻研的也是历史，我只知道历史上有些不清楚的地方，一直查到清楚了搞明白了，这是很高兴的事情。难怪金庸屡次说要写一部《中国通史》，曾对媒体也透露准备动笔的历史小说是以汉唐为背景的。而对历史感兴趣的金庸更加钟情于魏晋南北朝时期，他认为：这段历史错综复杂，但很有趣。其实，金庸先后创作的从《书剑恩仇录》《天龙八部》到《鹿鼎记》共十五部三十六册一千余万字的武侠小说，已足以让人们顶礼

金庸与浙大师生在一起（沈斌 摄）

金庸给浙江大学新闻系学生上课（张梦新提供）

金庸和浙江大学新闻系学生合影（张梦新提供）

金庸为浙江大学新闻系学生题字，“新闻必须真实”（张梦新提供）

膜拜了，人们从他的小说中已读到了太多的历史，以至于把他塑造的小说人物当成历史人物来读了。金庸渊博的学问让很多教授们也是望尘莫及的，不过他始终是很谦虚的，有一次接受媒体采访就说，我希望自己的学问可以再好一些。以前写小说、办报纸，觉得自己的学问还应付得来，但现在当大学教授，跟其他教授相比，就觉得自己的学问不够了。

2014 年 7 月中旬笔者赴港探望先生，查太太告诉我，先生爱书如命，年过九旬的查先生，现在每天的主要活动还是读书，正如先生送给学弟学妹的葵花宝典——终身读书也。

当然作为大师兄与浙大师生们在一起也是大师最开心的事了。

十八 浙大收徒笑春风

金庸1999年担任浙大人文学院院长以来，受到学生们的热烈追捧。2000年，金庸又正式得到了浙大的导师资格认证，受聘为浙大人文学院博士生、硕士生导师。那么到底金庸收徒标准是什么？谁又能成为大侠的开山大弟子？谁又是金庸的关门弟子？媒体一度为此沸沸扬扬，甚是热闹。

金庸招徒的确有自己的标准，当年接受媒体采访时曾说，要对历史有一定的研究，要掌握两门以上的外语，最好还会一点拉丁文或希腊文，总之得是个可造之材。金庸还说如果招不到合适的，宁愿不招。

2001年秋季招考时，金庸招的是中国古代史方向，信息一出吸引了不少金粉考生的兴趣，学校和学院的招生办公室为此也接待了诸多前来咨询的金粉弟子。或许真的是金庸所开的条件吓退了不少考生，真正上场赶考的确实不多。更遗憾的是，最终的考生终因专业课成绩偏低或英语没上线而名落孙山。

金庸收徒是极其认真的，学院分管研究生招生的沈坚副院长回忆说，当初为了金庸收徒，曾与先生有过多次的书信往来和电话沟通。他说先生是学贯中西的大家，对世界史也很有研究，且英语非常之好，法语和意大利语俱佳。有一年金庸请来了牛津大学教授来学校演讲，他亲自担任翻译，反应之敏捷，翻译之流利，让师生们钦佩不已。当年金庸亲自操刀的中古时期中西交通史的两道考题，足见先生研究兴趣之广，学问功底之深。

其一，请试述唐初玄奘至印度寻求佛法及取经回唐，翻译佛经之情况，及对中国文化的影响。

其二，请试述明代成祖时代派遣郑和出使南洋及非洲之简况，叙述当时中国海上力量之强大及其后航海力量消失之原因及影响。

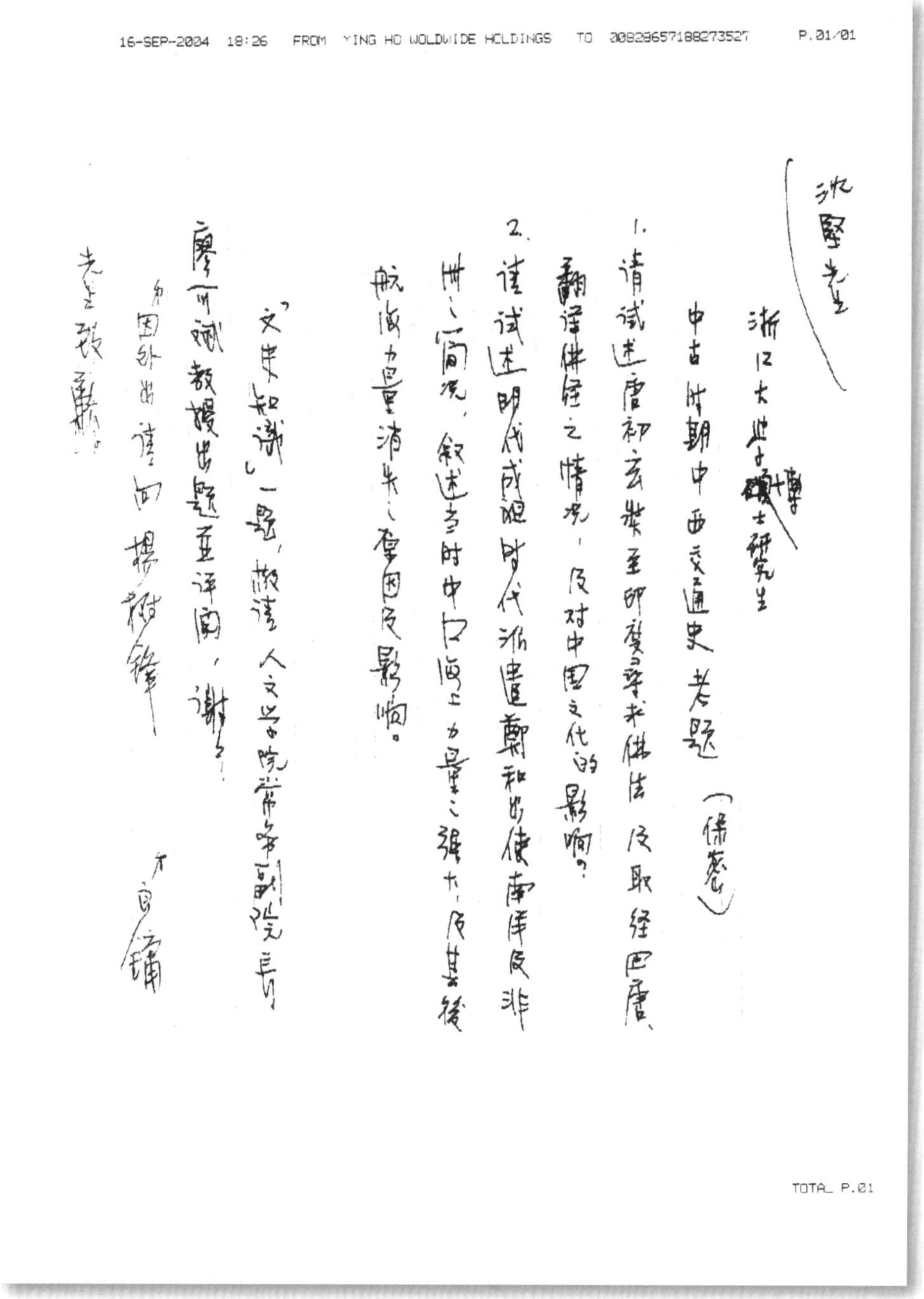
16-SEP-2004 18:26 FROM YING HO WOLDWIDE HOLDINGS TO 00828657188273527 P.01/01

沈堅先生

浙江大學博士研究生

中古時期中西交通史考題（保密）

1. 請試述唐初玄奘至印度求佛法及取經回唐、翻譯佛經之情況，及對中國文化的影響。

2. 請試述明代成祖時代派遣鄭和出使南洋及非洲之簡況，敘述當時中國海上力量之強大，及其後航海力量消失之原因及影響。

「文史知識」一題，擬請人文學院常務副院長廖可斌教授出題並評閱，謝謝！

另因外出，請向楊振鐸先生致歉。

金庸

TOTAL P.01

金庸发给浙大人文学院沈坚副院长的试题传真件（沈坚提供）

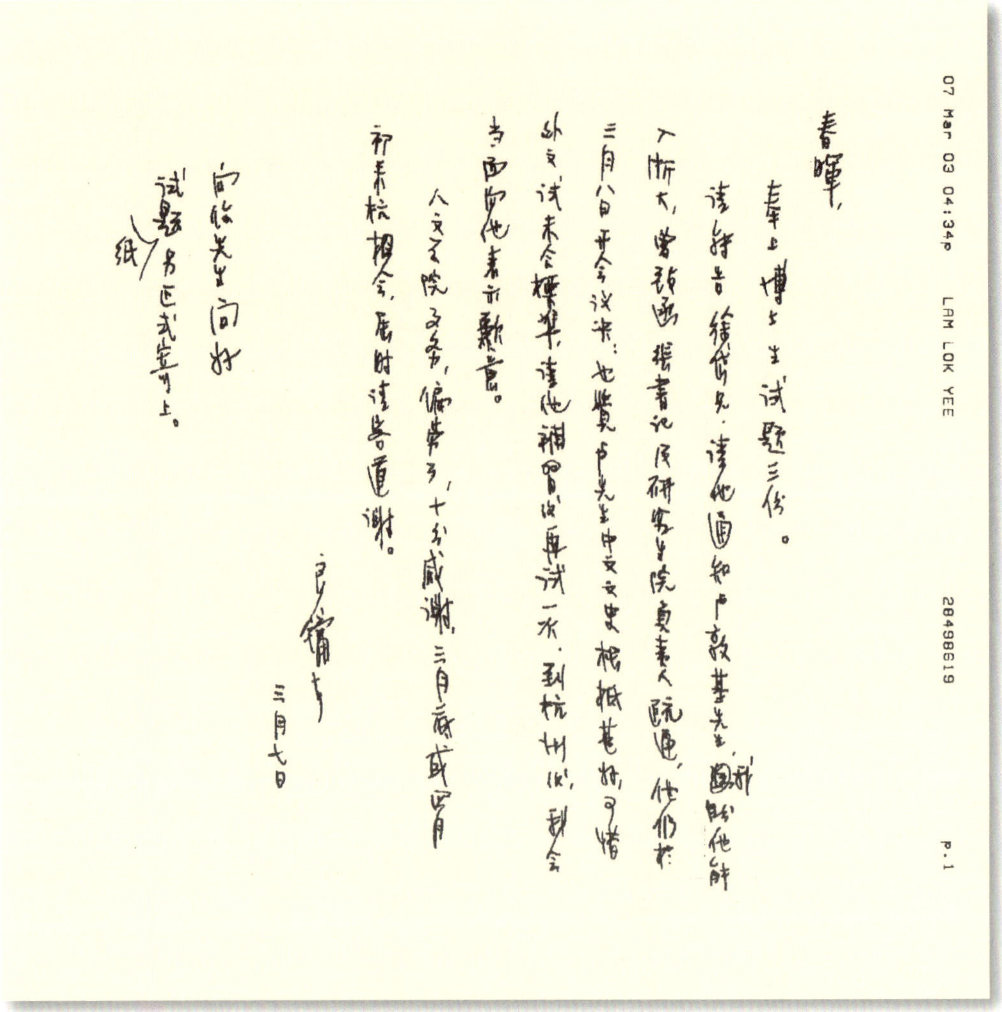

07 Mar 03 04:34p LAM LOK YEE 28498619 p.1

春暉，

奉上博士生试题三份。

请转告徐岱兄，请他通知卢敦基先生，谢谢他肯入浙大，曾致函张书记及研究生院负责人疏通，使仍於三月八日开会议决，也赞卢先生中文文史根柢甚好，可惜外文试未合标准，请他补习后再试一次。到杭州後，我会去函向他表示歉意。

人文学院各事，偏劳了，十分感谢，三月底或四月初来杭相会，届时请当面道谢。

良镛上

三月七日

向徐先生问好

试题另正式寄上。

纸

金庸发给浙大人文学院院办主任何春晖关于招生的传真件（何春晖提供）

2002年秋，通过激烈的考场角逐，金庸终于迎来了3位上线的考生。面试那天，主考官是金庸，两位副考官分别是徐岱教授和沈坚教授。面对这样的架势，3位考生不免有些战战兢兢。金庸对大弟子卢敦基特别满意，前一年由于外语的原因与大侠失之交臂，金庸为此特别遗憾。曾有一次电传笔者，让我转告徐岱教授，让他通知卢敦基先生，说“我盼他能入浙大”因为“卢先生中文文史根底甚好”，由于第一年没能录取，金庸还说“我会当面向他表示歉意”， 真乃求贤若渴。最后没有想到的是，卢敦基果真成了先生的关门弟子，这就是如先生所说的缘分了。

2005年，金庸请辞人文学院院长，关于他辞职后是否继续带博士生一事也是被媒体追踪的热点。一方面是先生年事已高，另一方面他本人也希望在剑桥继续完成学业，所以金庸今后将不再继续招收弟子。当时主持学院工作的廖可斌常务副院长曾对媒体说：“金庸以前招收的3名博士生中，卢敦基还由金庸直接指导，而其他两位由学院其他老师辅助指导。3名博士生都还没有毕业，博士延长学业也属正常现象。”

先生选择了最中意的卢敦基为关门弟子，自然在理。入得山门时，卢先生已是浙江省社科院文学研究所所长、研究员了。之前就出版过《金庸小说论》，作者前言中的一段话进一步证明当初金庸看人的眼光之独到而犀利：

“面对金庸作品的文学批评，便已提示着反思和更新的急迫。最早关于金庸的评论，主要面对的是“左”的思潮和习俗的偏见，所以要充分张扬金庸作品的价值；等到这种偏见渐渐不值一提后，金庸作品的文学价值便成了真正的问题。我曾看过一些研究金庸的专著：满篇都是对金庸作品的赞美，从头到尾没有一点问题。光是这种赞美就与常理相悖：文学史上何曾存在过十全十美、一字难易的小说？这种批评除了说明批评者鉴赏能力的缺乏外，别无其他。而这种批评能够出版且通行于世，也恰恰证明了批评自身的匮乏。”

十九　世界客厅迎宾朋

金大侠的办公室坐落在浙江大学西溪校区的行政楼 2 楼。也算是西溪校区最中心的位置了，办公室正对着校门，面向学校中心花园，四季景致一览无余。

自金庸执掌浙大人文学院院长后，总得有间像样的院长办公室吧。其实 1998 年四校合并以来，学校的办公室普遍简朴有加，大都是水泥地加一套普通的办公桌椅而已，那窗帘更是极其便宜的化纤面料。若让大侠入主这样简陋的办公室迎四方宾朋也太对不起他老人家了，于是学校拨专款装修了一间院长办公室，当年还真称得上西溪校区

金庸在浙大办公室办公（沈斌 摄）

上：金庸在紫金港南华园品茗（沈斌 摄）
下：金庸在办公室创作（沈斌 摄）

最“豪华”的院长办公室了，有些老师还会专程前来一窥究竟，这或许源于大侠留给大家太多的神秘与梦想。其实现在看来，院长办公室实在算不上豪华，只能算比较雅致而已，总体风格是中式简约的。为了配合大侠的雅，设计者还是颇费了一番苦心，咖啡色图案的窗帘配棕色木地板，棕红色的大班桌和书柜甚是气派，书架上摆放了不少四书五经等典籍，还有就是一张黑皮大转椅，一套米白色沙发倒是真皮的，茶几上摆放着的是一个龙泉哥窑的花瓶。后来龙泉政府赠送的 31 把宝剑一度也保存在先生的办公室。为了方便联系，学校专门破例开通了一门国际长途，配了一台传真，不仅便于金庸使用，也便于金庸不在学校的日子方便向他老人家汇报工作，金庸给研究生出的考试题等均来自这台传真。

金庸每次来学院总会在自己办公室迎四方来客，邀师生座谈，给研究生面授。当年面试 3 位博士也在这间办公室哦，先生上下五千年娓娓道来的情景仿佛就在眼前。每次出现在办公室里的大侠总是穿得特别有型，一身合体的西服，纹丝不乱的头发再配上一副金丝边眼镜，特别儒雅有范，他面带微笑款款而来，让平日里相对宁静的办公室就异常生动起来。除了来访的客人会特别隆重外，总会迎来不少金粉在走廊过道

2001 年 4 月 13 日，金庸接受台湾媒体采访（严炳源 摄）

金庸认真地回答记者的提问（严炳源 摄）

探头探脑，试图一睹大侠风采。有一次一位年长的武侠迷，手捧自己的武侠手稿，赖在院长办公室门口坚守说非要见到金庸大师不可，殊不知先生还要过两日才抵杭州，好说歹说才把他给劝走。当年学院办公室的老师们经常充当起保安兼劝说的差事。

院长办公室最热闹的一次数金庸接待来自宝岛的台湾媒体大陆高校行的记者团。那是 2001 年的 4 月 13 日，整个西溪校区的保安都紧张起来了，金庸 20 平方米的办公室里一下子涌进了近 20 位台湾记者，长枪短炮把办公室挤得严严实实，具有良好职业风范的记者们依次从低到高面向大师，有跪有蹲有踮着脚尖的，显然金庸是见惯了这架势的，作为媒体人他自然也是大师级的，在台湾媒体的炮弹前，谈笑风生，妙语连珠。房间内不时地传来欢声笑语，惹得门外的一圈人心里痒痒的，恨不得杀将进去探个究竟。

金庸在杭州接受白岩松采访（沈斌提供）

金庸在院长办公室接待笑星牛群来访（何春晖提供）

金庸在自己办公室还接待过相声演员牛群，相声舞台和侠客世界的碰撞又将是如何的一番火花呢？那是 2002 年金秋的某一天，那天大侠穿了一身深蓝色的西便服，少了领带的大侠更加休闲可亲。牛群也是大红的套头衫外罩标准的米白色摄影背心，身背一款大口径相机，心情大好的来到了院长办公室，同是星光熠熠的两位明星眼神交汇的一瞬间，都是特别的彬彬有礼，尤其是牛群对金庸是谦恭有致，满眼敬佩。当天学院有两位老师的孩子更是兴奋不已，能在同一时空里见到金庸爷爷和牛群叔叔，至今仍甚觉幸运，自豪万分。

二十 侠骨柔肠共诗心

从金庸1999年出任浙大人文学院院长至2007年转聘为人文学院名誉院长，共8个年头，来杭州来浙大的次数应该在10余次之多，与学院的老师们也结下了深厚的友谊。

每次来学院，老人家总是尽可能多地挤出时间给学生上课，与老师们交流，每次的交流少不了被索要题字留墨宝的环节。记得有一次，学院决定为机关工作的每一位老师都准备了一本金庸的武侠小说，准备让先生签名留念。记得是张梦新老师先开口向先生提这件事，没想张老师话还未完，先生就慨然应允。先生是反应极快的人，往往没等你表达完他就知道你的下文了。记得有一年中秋节，学院请查先生到西湖国宾馆赏月品酒，不知谁提议围绕月亮接龙，但必须是诗词，第一轮下来还好，大家都能对出几句，毕竟是人文学科的，但酒过三巡大家似乎都词穷了，但先生依然反映极快，对答如流，天上地下，不可同日而语。

话说那天查先生为学院老师一口气签了20多本的题字，查太太在边上都心疼了，怕先生累着。大家也觉得特别不好意思，但拿到院长的题字，人人格外兴奋，这也是查先生留给大家最好的礼物了，这必将成为大家永久的纪念。

先生出口成章，笔下生花，为学院许多老师的孩子题的字特别有意思。或勉励或祝福应有尽有，不仅寓意美好，而且把孩子们的名字全部隐在其中，巧妙无比。比如为廖可斌老师的儿子廖雄的题词是："努力求学成雄才"；为张梦新老师的儿子张进题的是"上进上进，上天高飞"（因为张进是在民航工作的）；为徐岱老师儿子徐可的题字是"小时了了，徐徐而可"；为黄华新老师的儿子黄之皓题的是"行若黄金，心如皓月"；为邵培仁儿子邵鹏题的是"大鹏志于九天"；为何春晖老师儿子薛轶天的题字是"立志可无限，逸天超宇宙"。先生对老师们是慈爱如父，对下一代更是寄予了无限的厚望。

1999 年 10 月 26 日，金庸夫妇宴请浙江大学人文学院班子成员（张梦新提供）

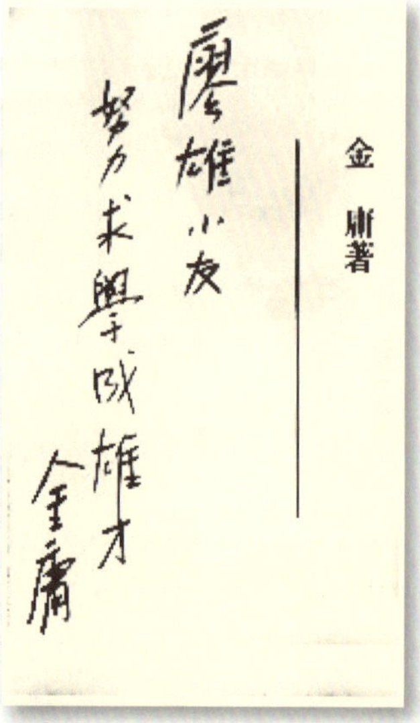

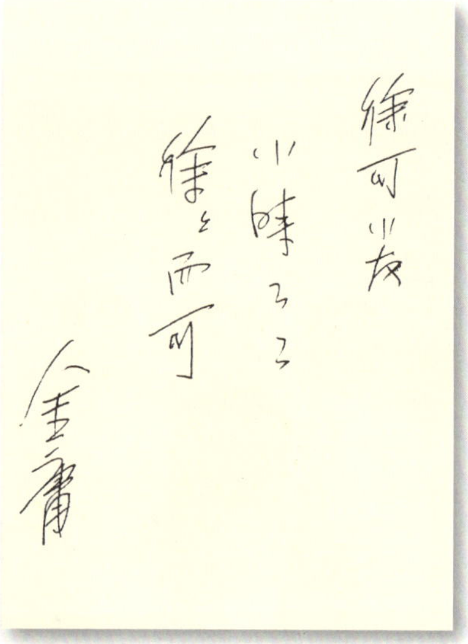

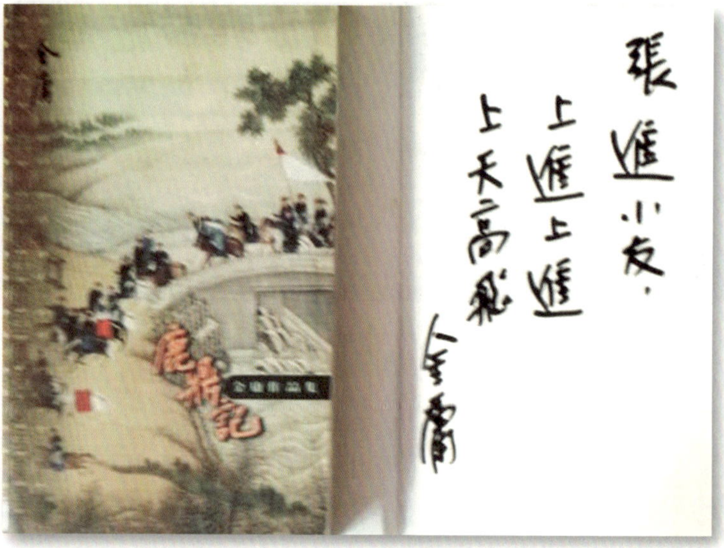

上左：给廖可斌儿子廖雄题字
上右：给徐岱儿子徐可题字
下：给张梦新儿子张进题字

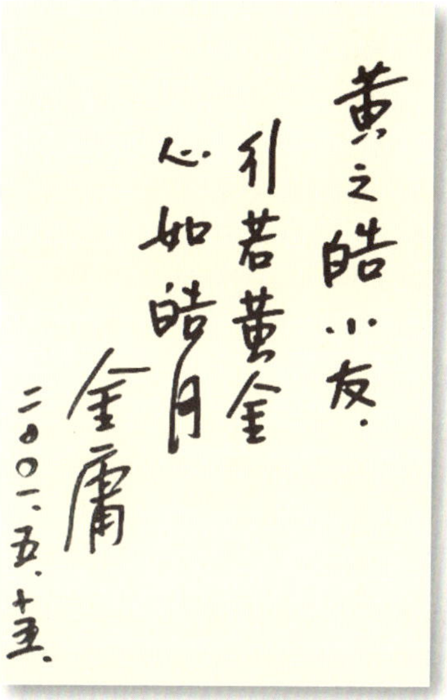

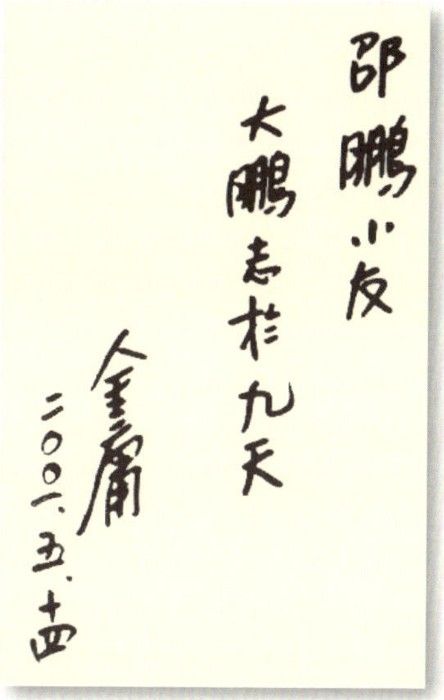

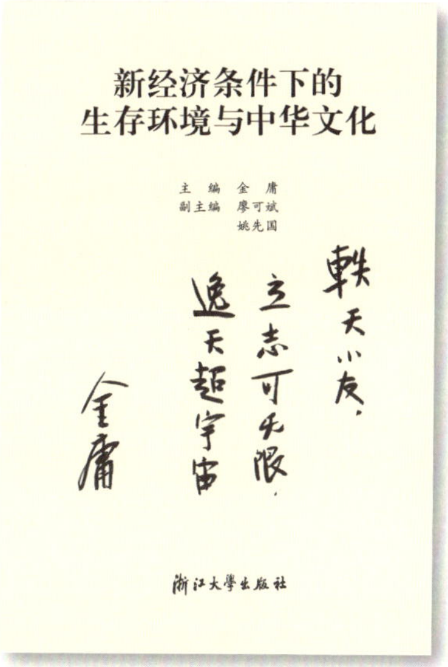

左：给黄华新儿子黄之皓题字
中：给邵培仁儿子邵鹏题字
右：给何春晖儿子薛轶天题字

二十一　君子之交酒一壶

记得2004年的4月，金庸夫妇又一次来到杭州，大家从机场迎接夫妇俩到雷迪森酒店已过了晚饭时辰，建议再吃点东西，查太太毫不犹豫点了碗片儿川。一品锅的片儿川，查先生也就吃了一小碗，查太太连吃三小碗，似乎人间美味尽在面汤中，查先生取笑查太太说，大家闺秀，狼吞虎咽好意思吗？大家哈哈大笑。

我就顺便说，片儿川杭州人都会做，何时请两位尝尝我的手艺，查太太马上说，好啊，去吃春晖做的片儿川。于是乎查先生的行程中就安排了半天来我的小家做客。说实在的，夸下海口的我心里还是很不踏实的，查先生夫妇可是美食高手，若倒了先生胃口可罪莫大焉。记得有一次杭州市领导在味庄宴请查先生夫妇，本人也陪伴在侧，只见大厨师上来的一道道菜品可谓精美绝伦，厨师介绍说这是从传统的菜式上创新而来的杭帮菜，先生一开始还笑眯眯的，突然说，杭帮菜是很有特色，但什么都创新不一定就好！结果让市领导不知如何是好，查先生就是这样一个率真的人，有不同意见就直说。

2004年4月10日的上午，查先生夫妇如约，在廖可斌常务副院长和张梦新书记的陪同下，满面春风地来到了我们位于山水人家的小家。查太太一入家门就直夸小家漂亮。当我把泡好的明前龙井新茶端上时，查先生直说“好茶好茶”，查先生夫妇可是品茗高手，我更不敢造次。

金庸先生对人一向是极其尊重的，对他人的称呼绝不马虎随意，在学院里与大家总是称兄道弟，无比亲切。记得金庸先生第一次与我先生薛安克见面时，坚称他为薛校长，在我们再三要求下，他便改称安克兄。我先生几番去香港公务，均安排时间专门去探望老先生，每次先生都特别开心，还专门设宴款待。一位武侠大师与一个搞IT的晚辈甚是投缘。也正是因为这缘分，金庸先生两度走进我先生任职的位于下沙的杭州电子科技大学发表演讲，演讲现场盛况空前，此事于后文详述。

2004年4月10日，金庸夫妇在廖可斌常务副院长、张梦新书记陪同下到作者之一的何春晖新居品茗叙旧（何春晖提供）

金庸夫妇在作者家中欢聚（何春晖提供）

为了让查先生夫妇品尝地道的杭州片儿川，张梦新老师暗中鼎力相助，请伊家鲜老板专门送来了上好的食材和高汤，好让我的“牛”不至于吹破。等我把大碗的片儿川端上桌，果然满屋飘香，夫妇俩赞不绝口，大家吃得好开心！那日，夫妇俩的兴致特别高，大家一边饮酒一边谈笑，我看到了夫妇俩特别天真可爱的一面。大家从家装谈到美食，从高科技谈到旅游，就像是多年老友，无话不谈，开心至极。

在谈到登高望远时，我先生说，查先生写遍了名山大川，可去过灵秀的黄山？查先生说，好想去一次啊！就是山太险喽！我先生就说，到下半年秋天我们大家陪您去，山再高也要抬您上去哦，查先生开心了，两眼露出了无限的向往和兴奋，直呼“好好好，上黄山”。只见此时的查太太直向我先生做鬼脸使眼色，并且用手势示意大家打住，因为查太太害怕先生年岁已高不能远游，怕先生一旦决定不可更改，事后还悄悄地对我说，以后千万不要再提黄山哦。其实查太太是很性情的人，那天喝茅台一饮而尽，还一个劲给大家劝酒。查太太的酒量是极好的，每次喝酒均比先生喝得多而爽，查先生会笑眯眯地对太太说，少喝点噢。

作者全家与金庸夫妇合影（何春晖提供）

2014 年 7 月，我们夫妇去香港探望查先生夫妇，尽管是下午时分，查太太还拿出了一瓶上好的红酒招待我们。喝酒还是一贯的爽，因为查先生不喝，所以，查太太就拿了自己的酒杯让查先生抿了一下，还把一小片薯片喂进了查先生的口，只见查先生一脸的满足。

查太太对先生的关怀是无微不至的，每每吃饭间隙，查太太总会拿出一个五彩药瓶，排出各色药丸足有一小把让先生吞下。此时的先生特别乖，就像一个特别听话的小孩，把五彩药丸一一吞下，查太太告诉我，这是各种维生素等养生药丸。有时看查先生衣领歪了，会很贴心地整一把，然后还给我做了个鬼脸。

这次家访让我们越发觉得查先生的温和慈祥，查太太的可爱率真，这对老少夫妻恩爱有加，让大家羡慕不已。

2014 年 7 月 13 日，本书作者之一何春晖及其家人赴港探望金庸夫妇（何春晖提供）

二十二 天上有颗金庸星

茫茫宇宙，浩瀚星空，浙江大学“来自星星的你”知多少？

据载曾在浙江大学工作和学习过的校友命名的小行星已有 10 颗之多，他们是：竺可桢星、李政道星、钱三强星、谈家桢星、王淦昌星、谷超豪星、金庸星、李达三星等，当然还有一颗是 2013 年被命名的“浙江大学星”。群星璀璨之中，耀眼的金庸星又是如何被中科院国家天文台命名的呢？

据发现金庸星的国家天文台研究员朱进博士介绍，金庸星的总编号为 10930，年度编号为 1998CR2，是 1998 年 2 月 6 日由参加北京施密特小行星计划的科学家在河北兴隆县观测到的。该行星距地球轨道最近距离为 2.6 亿千米，直径约为 7~16 千米。根据惯例，小行星的发现者有给它定名的提名权，经中科院国家天文台研究员、北京大学天文学系主任陈建生院士等专家提名，国际小行星中心审定，2001 年 3 月 29 日这颗小行星被正式命名为“金庸星”。早期小行星的命名多选自神话中的人物，后来演变为发现者表达自己意愿的方式。国际小行星中心一般以著名思想家、文学家、艺术家、科学家的名字为小行星命名，中科院国家天文台近 5 年来观察并命名的 10 多颗小行星中有“陈景润星”“袁隆平星”“巴金星”等。“金庸星”是该天文台命名的第二颗“文学家之星”。所有小行星的命名，必须经过国际天文学联合会由 13 人组成的小天体提名委员会批准，由国际小行星中心发布通报国际社会。

当金庸获知该喜讯时，一向谦逊的金庸当然辞而不就。这时，金庸先生的老朋友，大力促成金庸就任浙江大学人文学院院长的原浙江大学党委书记张浚生劝他说：“这是你个人的荣誉，也是为学校添光加彩。”于是，为了这所中国著名大学能够拥有更高的知名度，金庸接受了这份至高的荣誉。

关于同意以金庸先生名字命名小行星的复函
（浙江大学档案馆提供）

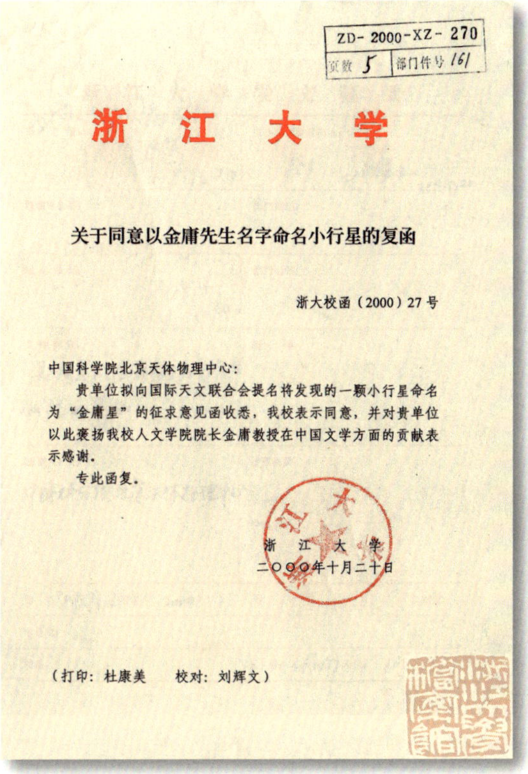
ZD-2000-XZ-270
页数 5 部门件号 161

浙 江 大 学

关于同意以金庸先生名字命名小行星的复函

浙大校函（2000）27号

中国科学院北京天体物理中心：

贵单位拟向国际天文联合会提名将发现的一颗小行星命名为“金庸星”的征求意见函收悉，我校表示同意，并对贵单位以此褒扬我校人文学院院长金庸教授在中国文学方面的贡献表示感谢。

专此函复。

浙 江 大 学
二〇〇〇年十月二十日

（打印：杜康美　　校对：刘辉文）

2001年7月6日，金庸小行星命名典礼在浙江大学隆重举行，全国人大常委会委员、中国科学院数理学部副主任陈建生院士向著名文学家、浙江大学人文学院院长金庸郑重颁发了小行星命名证书和金庸星轨道运行照片。接过命名证书的金庸先生露出了儿童般灿烂的笑容。时任浙江省委书记张德江代表省委、省政府也发来了热情洋溢的贺信，向金庸及其夫人表示热烈的祝贺，向发现这颗行星的天文工作者表示崇高的敬意。省市领导王国平、阙端麟、汪希萱、陈昭典、王永昌及时任浙江大学领导张浚生、潘云鹤等与金庸先生的家人、亲朋好友以及浙江大学人文学院的师生代表一起共同见证了这一激动人心的时刻。

社会各界对金庸星的命名特别好奇，媒体朋友更是穷追猛打。关于“金庸星”，金庸在答记者问时自有一番笑谈：“这颗小行星的发现，我并无半点功劳，功劳全是天文学家的。本来，这颗星应该叫‘朱进星’而不是‘金庸星’的”，金庸是极其开心而异常真诚地说这番话的。而“金庸星”的发现者朱进博士透露的内幕才让大家恍

上：2001年7月6日，金庸小行星命名典礼上，金庸与家人合影
下：2001年7月6日，金庸小行星命名典礼上金庸发表感言
（卢绍庆 摄）

2001 年 7 月 6 日，金庸小行星命名典礼上，记者采访金庸（卢绍庆 摄）

然大悟。他介绍说，天文学家的工作十分辛苦，有时候也很枯燥、单调。每当下雨或者云多的天气，看不到星星，天文台的工作人员就会坐在一起聊金庸的书，聊书中的英雄人物，聊其中的一招一式。就凭着这一点，项目组里的这些金庸迷们决定把这颗小行星命名为金庸星，以感谢金庸先生写出这么好的作品，陪伴我们度过了许多个枯燥的不眠之夜。

金庸在命名典礼上动情地叙述了自己对天文的爱好和兴趣，表达了对天文学家的敬仰。其中还深情地回忆了一个小故事，说有一次外甥女指着天上的星星追问名字，自己居然用英文一一说出了星星的名字来。“我自己都感到惊讶，”金庸说，“不过细细想来，是小时候对天文学的热爱打下的扎实基础。”

金庸在典礼致辞中说：“在无限的宇宙中，‘金庸星’只是非常渺小的一颗行星。无论我的成就多大、贡献多大，在几十亿人口中也是很渺小的。我从小就非常敬佩哥白尼、布鲁诺、伽利略等古今中外知名天文学家，因为在他们身上体现了人类追求真理、坚持真理的精神。”

正是这样的精神造就了金庸这么伟大的武侠小说大家，也正是大侠这样的精神诉求，“金庸星”为浙大的“求是”精神续写了更华美的篇章。

二十三 文理碰撞传薪火

2002年5月19日在安静秀美的杭州金溪山庄，来自海内外近百名著名社会科学家、自然科学家参加的，由浙江大学主办的“新经济条件下的生存环境与中华文化国际研讨会”隆重开幕。

来自美国哈佛大学、夏威夷大学、澳大利亚莫纳什大学，以及中国浙江大学、北京大学、复旦大学、香港中文大学、香港城市大学、台湾清华大学、淡江大学等研究经济、文学、哲学、历史、书画的学者上演了近80场左右的精彩演讲，场场爆满，诸多演讲甚至吸引了广大的杭州市民纷纷前来蹭会，是什么精神大餐让人们如此趋之若鹜?

这正是金庸1999年走马上任浙大人文学院院长后的一个大动作，大侠希望汇聚全球精英，为全球化背景下的中华民族，寻找更美丽更合适的精神家园。作为本次大会主席，金庸在开幕致辞中说本次会议的主题是新经济环境下的人文关系。作为文学大家，武侠大师，金庸一到浙大就说：“我来浙江大学任人文学院院长，是想提倡中国传统的人文精神。”金庸说：“浙江历来是人文渊薮，名家辈出，历史上先后涌现出王充、王阳明、黄宗羲、龚自珍、鲁迅等大家。浙大虽然一向以工程、自然科学著名，但我希望学理工的人，身上也都有浓厚的传统人文精神。”事实上，华罗庚、陈省身、杨振宁、竺可桢、李政道等卓有成就的大科学家，哪一位不是有相当高的中国传统文化修养和造诣?

在三天的会议中，自然科学家与社会科学家发生了极有趣味的思想碰撞，饶有意蕴的文化交融。大家不仅对中国家族企业、现代市场经济伦理、互联网等热点问题作了深层理性思考，更有儒家伦理、东西方文化差异、人类生命价值等方面的真知灼见。

本次研讨会的一个亮点之一就是多学科交叉。正如浙江大学经济学院姚先国教授

研讨会通知（浙江大学档案馆提供）

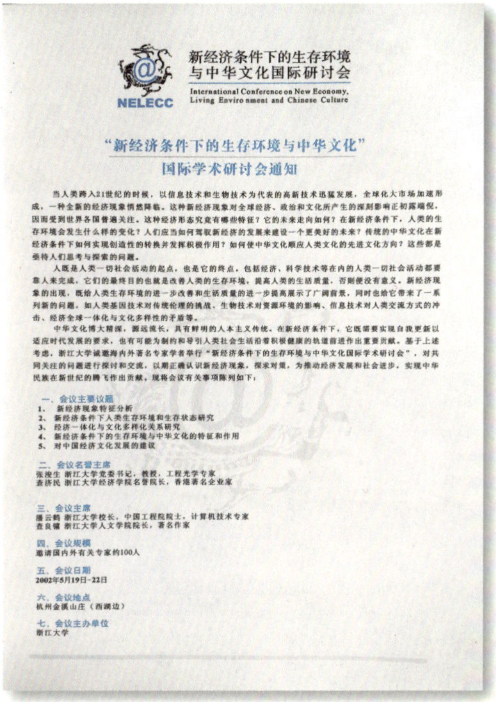

新经济条件下的生存环境
与中华文化国际研讨会

International Conference on New Economy, Living Environment and Chinese Culture

NELECC

“新经济条件下的生存环境与中华文化”
国际学术研讨会通知

当人类跨入21世纪的时候，以信息技术和生物技术为代表的高新技术迅猛发展，全球化大市场加速形成，一种全新的经济现象悄然降临。这种新经济现象对全球经济、政治和文化所产生的深刻影响正初露端倪，因而受到世界各国普遍关注。这种经济形态究竟有哪些特征？它的未来走向如何？在新经济条件下，人类的生存环境会发生什么样的变化？人们应当如何驾驭新经济的发展来建设一个更美好的未来？传统的中华文化在新经济条件下如何实现创造性的转换并发挥积极作用？如何使中华文化顺应人类文化的先进文化方向？这些都是亟待人们思考与探索的问题。

人既是人类一切社会活动的起点，也是它的终点。包括经济、科学技术等在内的人类一切社会活动都要靠人来完成，它们的最终目的也就是改善人类的生存环境，提高人类的生活质量，否则便没有意义。新经济现象的出现，既给人类生存环境的进一步改善和生活质量的进一步提高展示了广阔前景，同时也给它带来了一系列新的问题，如人类基因技术对传统伦理的挑战、生物技术对资源环境的影响、信息技术对人类交流方式的冲击、经济全球一体化与文化多样性的矛盾等。

中华文化博大精深，源远流长，具有鲜明的人本主义传统。在新经济条件下，它既需要实现自我更新以适应时代发展的要求，也有可能为制约和导引人类社会生活沿着积极健康的轨道前进作出重要贡献。基于上述考虑，浙江大学诚邀海内外著名专家学者举行“新经济条件下的生存环境与中华文化国际学术研讨会”，对共同关注的问题进行探讨和交流，以期正确认识新经济现象，探求对策，为推动经济发展和社会进步，实现中华民族在新世纪的腾飞作出贡献。现将会议有关事项陈列如下：

一、会议主要议题

1、新经济现象特征分析
2、新经济条件下人类生存环境和生存状态研究
3、经济一体化与文化多样化关系研究
4、新经济条件下的生存环境与中华文化的特征和作用
5、对中国经济文化发展的建议

二、会议名誉主席

张浚生 浙江大学党委书记，教授，工程光学专家
查济民 浙江大学经济学院名誉院长，香港著名企业家

三、会议主席

潘云鹤 浙江大学校长，中国工程院院士，计算机技术专家
查良镛 浙江大学人文学院院长，著名作家

四、会议规模

邀请国内外有关专家约100人

五、会议日期

2002年5月19日-22日

六、会议地点

杭州金溪山庄（西湖边）

七、会议主办单位

浙江大学

2002年5月19日，金庸与时任香港城市大学校长张信刚（左）、时任浙江大学党委书记张浚生(中)一起出席“新经济条件下的生存环境与中华文化国际研讨会”(刘文奕 摄)

上：2002 年 5 月 19 日，金庸先生在新经济条件下的生存环境与中华文化国际研讨会上致辞
下：金庸先生给香港大学校长张信刚颁发证书
（刘文奕 摄）

金庸与校领导及会议筹备组委会成员合影（何春晖提供）

所说，我的一些人文科学朋友常说，现在你们经济学是显学，而人文科学是冷学。而我说，我们经济学是俗学，而人文科学是雅学。因为经济学总是追求以最小的成本获得最大的收益，一天到晚算计合不合算。古人说：君子喻于义小人喻于利。所以，我们就有“小人”的嫌疑。这次能与这么多人文学者在一起讨论，也是我们一次变雅的机会。

对于学术碰撞的意义，姚先国教授还举了一个例子。他说：我有一个朋友，问我该找什么样的女朋友，我是搞经济研究的，从经济学的角度我劝他不要找漂亮的女朋友。因为从经济学成本与收益的角度说，找年轻漂亮的女朋友，根据边际效应，收益是递减的，因为年轻也会变老，漂亮妻子你会习以为常。而成本是递增的，你谈恋爱的成本会比较高，“保管”的成本也会比较高。所以，根据经济学的分析，找年轻漂亮的女朋友是不合算的。但是后来我的那位朋友还是找了个年轻漂亮的女朋友。金庸听后哈哈大笑。

会议不仅取得了巨大的社会影响力，最后由金庸担任主编，廖可斌、姚先国担任副主编的，把诸位学者专家的观点汇聚成了一本论文集：《新经济条件下的生存环境与中华文化》。

金庸认为一个国家和民族只有对自己的传统文化有所了解，才能在今天的世界上

担任浙江大学人文学院院长期间，金庸亲自约请原联合国副秘书长、牛津大学圣安东尼学院院长古定爵士为浙江大学师生开设讲座，并亲自做翻译（杨晓轩 摄）

发挥作用。不论是学文科、理科还是工科的人，都要把知识放在人脑而不是电脑里，才会有所创造。“人类世界不能只有科学家和工程师。人文科学培养的是思想家、文学家、艺术家、哲学家。”金庸先生将此作为人文学院的目标。

正因为如此，1999 年 10 月 28 日，在金庸院长的主持下，浙江大学邀请了 30 余位全国顶尖专家为新浙大人文学科把脉问诊，献计献策。著名学者龚育之 、陶德麟 、李文海 、方克立、 徐中玉 、章培恒 、方汉奇等对新浙大人文学科的优势和未来的发展均提出了宝贵的建设性意见。这次文科专家咨询会是 1998 年新浙大组建以来，新成立的 20 个学院首个召开高级专家咨询会的学院，这也是金庸院长走马上任以后发出的第一张金牌。

金庸曾获得英国牛津大学、剑桥大学、日本创价大学、香港大学、香港理工大学以及北京大学等高等学府名誉博士、教授、院士等荣誉，对于当时社会普遍存在着重理轻文的倾向有自己独到的见解。金庸先生介绍说，外国一般对所有博士，包括理科、工科、法科等都称哲学博士（Ph.D），以表示人文科学是各学科之统帅，对于世界、对于人生有全面的了解。

因此，他认为一流的大学必须有一流的人文学科，这就必须对学生加强人文科学的教育。金庸在浙大的日子，他总是希望能够和学生多些交流、接触。“我不是教学生一门功课，而是告诉他们求学之道，做人之道。鼓励他们离开学校后还能不断地读书，终生读书。”这是先生在很多场合经常说的话。一生都在读书、写书的金庸先生以为，读书是一件快乐的事，他强调对青少年进行中国传统人文精神的教育是要其熏染温文敦厚、乐而不淫、哀而不伤的君子之风，最终达到“修身、齐家、治国”。

这正是侠客金庸的人文情怀。

参与“新经济条件下的生存环境与中华文化国际研讨会”代表合影留念（浙江大学档案馆提供）

文化国际研讨会代表留念
中国·杭州·浙江大学 2002.5.19—22
中华文化国际研讨会的海内外学者

二十四 下沙风靡众学子

与青年学子面对面交流，是大侠最喜欢的方式，所以无论他到哪里，都与学生师兄师弟（妹）相称。杭州电子科技大学以理科生为主，但很多同学都是从小在课桌下偷看金庸武侠长大的。短短两年时间，他两次进入下沙杭州电子科技大学，都受到了如潮的欢迎。

2002年5月18日下午，年近耄耋的金庸凭倚“缤纷世界缤纷下沙”系列讲座的讲台，笑侃“飞雪连天”“人生万象”。金庸学识渊博、谦虚幽默、和蔼亲切，在短短一个小时里留给杭州电子科技大学学生深刻的印象。

2004年4月10日，金庸应邀第二次来杭州电子科技大学讲学，受到同学们的追捧。金庸与同学们直面交流，当场作答，内容涉及政治、历史以及武侠文学等，令同学们充满兴趣的话题。

金庸赞扬杭州电子科技大学是一所电子信息特色明显的高校，为浙江省的经济建设培养了众多优秀人才，发挥着重要作用，他还幽默地说，希望杭州电子科技大学能为国家培养出更多的具有侠义精神的电子信息人才。

金庸一直以来都喜欢互动的方式，持续了一个半小时的报告会在大家的交流中，在他幽默风趣的回答中，在雷鸣般的掌声中，一次次达到高潮。以下是报告会部分问题摘录。

问：“你笔下的小龙女具有高傲的贵族气质，你认为这种气质在现实生活中是不是很重要？”

答：“一个人的长相不是自己所能控制的，贵族气质并不是很重要，相反，凭着自己的努力而取得成功才更加珍贵。”

2002 年 5 月 18 日，金庸首次走进杭州电子科技大学（本篇图片为视频资料截图，何春晖提供）

问：“对韦小宝的形象定位大家一直难有统一结论，在你自己的生活中有过像韦小宝一样的想法吗？”

答：“我当时写这个人物的时候，是按照典型的中国人的形象写的，我觉得每个人都或多或少的有些他的味道，我个人并不赞成他这种圆滑的生活态度，但我觉得他还是保持了一种底线，至少不会出卖朋友。”

问：“金大侠，你在创作《神雕侠侣》时，是如何构思杨过、小龙女这段感情的？如果是在当代，人们还会反对他们的感情吗？”

答：“在我写作的那个年代，我发现很多相爱的男女因为受到传统习惯的约束，比如说门第、阶级等不能结合在一起，杨过和小龙女是他们的缩影，但是，值得庆幸的是，现在的婚姻法规定婚姻自由，这是一件好事情。”

问：“金庸先生，谁是你最敬佩的男人和女人？”

答：“我最敬佩的男人是邓小平，他不仅人品好，而且主持了改革开放，使中国发生了巨大的变化。我最敬佩的女人是居里夫人，我希望杭电的男生都像邓小平那样充满智慧，杭电的女生都像居里夫人那样敢于探索。”

2004 年 4 月 10 日，金庸第二次来杭州电子科技大学

二十五 西湖对话新网侠

如果说，郭靖、令狐冲等纵横的是过去的江湖，那么，驰骋在当代的江湖的，则是马云等新一代网络大侠。

大不同的是：过去的剑侠多刻苦练功，上了一层楼后，对从前平级的哥们尽可随便出手，取胜轻而易举；当代的新网侠，尽管也是乘风而来，挟云而往，但第一浪大潮退去，却见一片裸泳身影。关键在于：第二浪大潮何时到来，而且第二浪大潮又会带来与第一浪不同的什么？

正是这个时刻，金大侠现身江湖，如同风清扬现身华山之巅。不能说他给多位大虾传授了“独孤九剑”，却也以他的魅力和远见，给了身处第一劫的网络大虾以信心和力量。二度西湖论剑，意义端在于此。

我说的是2000及2001年在杭州举行的网络英豪与金庸的对话。

这两届峰会的主角，当然是金庸。第二位应该是马云，因为两届峰会都在马云的家乡——杭州举行。除了浙江和杭州的掌管者们独具慧眼，阿里巴巴的领袖功不可没。

这些网络英豪中，也确是马云与金庸渊源最深。60后的一代，在精神禁锢后突然看到金庸武侠，其狂喜与死爱非身处信息全面开放时代之80后、90后可比。

他对金庸的崇拜，人尽皆知，如韦小宝常说的一句话：“犹如滔滔江水，连绵不绝。”阿里巴巴的办公室，挂的尽是“光明顶”“达摩院”“桃花岛”“聚贤庄”，等等。还有一点，就是马云在招工时，只要来人对金庸的书有兴趣，八成就给录取了。2000年夏天在香港，马云有机会第一次拜见金庸。见面前几天，他就激动得不行，上街买了他的书。见面时，马云十分开心，说好一小时，结果谈了三小时，都是马云在胡侃。临别时，金庸先生说：带来的书是盗版，不支持盗版，不能签。于是在一张餐

2000年第一届西湖论剑举行之前，金庸与各网侠聚会花絮，“龙王”向金庸敬酒（CFP 提供）

金庸在8848董事长王俊涛（老榕）衣服上签名（CFP 提供）

2001 年，金庸参观阿里巴巴集团（阿里巴巴提供）

张纪中和马云就像大侠的左右侍卫，一起泛舟西湖（阿里巴巴提供）

巾纸上写了八个字："相见恨晚，一见如故。"还有一次，金庸在澳洲过年，马云飞过去和他见面。金庸家的书房里全是书。马云问："这些书你都看过吗？"金庸说："没有，我书看得不多。"马云大喜，饭后从一战史、二战史，一直侃到未来互联网。结果，金庸先生对讲一战、二战澳洲士兵的布阵以及战况，一边说一边指出哪个书架上哪本书记载了哪个故事，让马云汗颜！其实金庸在家时，也就基本上待在书房，静悄悄地看书，一看一整天。不过，金庸在背后评论过马云：绝顶聪明！常在金庸身边的朋友也知道：金庸在背后夸奖人很少用这个词！

上：金庸向各网侠赠签名本（CFP 提供）
下：2001 年，西湖论剑，金庸主讲（杨晓轩 摄）

金庸给王志东双胞胎取名（CFP 提供）

网络英豪多数是金庸迷。王志东最早跟国外和港台朋友晤谈，一般先谈金庸暖身，因为只有这个话题最易沟通。丁磊大学时幻想自己像张无忌，个性鲜明，打遍天下无敌手。他第一次见到金庸时，边走边喊："金先生，金先生，您害了我们年轻人的时间啊！"王峻涛说，从他开始记事时始，就有一个人一直在他眼前晃动，他就是金庸。

那么，在谈论"新千年，新经济，新网侠"的峰会上，金庸说了什么呢？

金庸以他深厚的历史功底及敏锐的穿透力，知道互联网是最新、最有前途的服务行业。他又从企业家的角度，非常善意地、内行地指出，"你们的收入从何而来？""钱花光了，不能维持怎么办？"几句话，体现出前辈对后辈们深深的爱护之心。

2001 年第二次西湖论剑，金庸对网络有了一些切身的体验。他喜欢买书，有了网络后，买什么书都方便了，不管多旧的书都能找到，就是贵一点，不过还可以讨价还价。还有，原来下棋约棋友总不太方便，如今在网上下，太方便了。还有 E-mail，比写信方便。但是他也说，一年来，互联网业务发生了全球性的困难。但是金庸继续说："自古以来，先行的东西总是会遇到很多的问题。但任何一件事情，走在最先的，也最先得到好处。缺点就是，走在最先的，遇到失败也是最快的。"互联网的先行者应该团结起来，互相帮助，互相支援，你大我也大，大家一起大，完全可以克服眼前的困难！

金庸先生的讲话，顿时赢得满堂掌声！

潮来潮往，大浪淘沙。十余年的进程，证实了大师的远见。

二十六 华山论剑酬襟抱

汉语有许多成语，但是这些成语多半出自先秦西汉，唐宋已经不是太多，今人要想加上一个，难上加难。但是金庸却能做到。“华山论剑”便是其中之一。

其实，“华山论剑”乍出时，颇有争议。华山固无疑问，“论”，有人以为应是谈论、评论，总之是口头革命，不是身体力行。“剑”，即实际之剑。华山绝顶几大高手无一使剑，所以不能这样叫。金庸晚年则答疑说：请人吃饭，并非当真飨以白饭三大碗；舌战群儒，也不是诸葛亮伸出舌头发内功与人的舌头打架。果然，时隔几年，现代汉语中，“华山论剑”已经成为高手比拼技术的通用成语。

“华山论剑”第一次出现在金庸小说中，是在《射雕英雄传》第十回。小说影影绰绰地交代了那个关节，却不言明，逗得读者心痒难搔。随后慢慢展开，到结尾是洪七公、黄药师、郭靖、欧阳锋、周伯通、黄蓉等比武华山之巅，打得稀里糊涂。

故事写于 20 世纪 50 年代，殊不知金庸当时从未涉足华山。他真正光临西岳，直要等到他出任浙江大学人文学院院长后，受陕西方面之邀请，于 2003 年，方才登临华山北峰。

话说此次金庸以大学教授之身份前往华山，第一忌讳便是商业交易。他希望这次“华山论剑”是一次文化人之间的对话，而非商业活动，希望没有太多的商业广告。所以，他吃饭、坐车、住宿都自己掏钱。主办方陕西电视台也因此取消了活动冠名权。

10 月 8 日，金庸从住处登上华山。路上连闯三关。第一关是让女演员刘亦菲拿四个词给金庸，让他形容三位饰演过黄蓉的女演员。第二关是饰演过华山派岳不群的演员拿出一堆酒器，让金庸边喝酒边推究酒器之年代。第三关是让棋圣聂卫平摆出一盘残局，曾为围棋弟子的金庸以礼相见后，下了一着，聂棋圣“过关”一声，金庸继续

金庸闯三关
第一关：刘亦菲的美人关
第二关：巍子的美酒关
第三关：棋圣聂卫平的残局关
（CFP 提供）

前行。先乘缆车，再坐滑竿，最后两位大汉搀着他走到论剑会场——北峰。坐在狭小但气象万千的北峰论剑主场的我，亲眼见到他一边走一边挣扎，应该是先生觉得自己会走，无须旁人施以援手。那一刻，真真可爱之极！

主办方煞费苦心，请来王鲁湘教授为总主持，现场主持为司马南，皆配职业主持。论剑的主体内容为“剑影江湖”“侠旅萍踪”“金剧春秋”“情为何物”四块，分别由魏明伦、杨争光、张纪中等与之对谈。其中杨争光为武侠电影《双旗镇刀客》的编剧，金庸对其赞赏有加，特别点名邀请他来参与活动。当谈到今天之侠时，金庸说自己不是侠，大家为之一愣。“他们叫我金大侠，我不敢当。我不是大侠。”“侠要牺牲自己利益，主张公道正义，打抱不平，就算倾家荡产，牺牲性命，也在所不惜去干。这种事情我做不到，所以称不上大侠。”

杨争光认为金庸太过谦虚，追问金庸有没有侠气。金庸这回坦然点头，说自己性格刚强，要是别人压迫，则绝对不会屈服。

金庸乘竹轿上华山（CFP 提供）

上：金庸在华山论剑上致辞
下：主办方向金庸赠送武林盟主印章
（CFP 提供）

在华山论剑上，主办方赠给金庸先生的武林盟主印章（《钱江晚报》提供）

主持人李蕾问：“今天的侠在哪里？”

金庸说：今年中央电视台有个节目叫“感动中国”，说的是去年的事，我是评委之一。很多人推荐见义勇为、挺身而出、为人家打抱不平的这些人，他们是有侠气的人。我推举一位女经济学家刘姝威。她发现有家上市公司的年报欺骗股东，便写了一篇短文，告诉大家年报是假的。结果大公司去告她，告得她非常狼狈。她一个穷教授没有钱跟大公司打官司，但是她坚持正义，把官司打下去。最后，这家公司输了。我觉得这种人不为自己而为公众利益挺身而出，不怕牺牲，这就是现代的侠！

四场论毕，年近80的先生毕竟略感疲累。主办方此时推出由国内四家纸媒选送的“东邪”“西毒”“南帝”“北丐”上场。结果某位超越安排，开始宣传自己，并伸手向主持人要话筒。幸亏主持人身经百战，机巧过人，只把话筒放至他嘴边，不放手，但对其滔滔不绝束手无策。直播气氛立显尴尬。我们在场的人都很着急，但没有人有办法来终结这个局面。这时，疲累的金庸先生抬起头来，说：“这位先生的问题我听懂了，让我来说一下……”他向主持人要过了麦克风……

一下子将直播之难彻底解决！

在场的各位，无不佩服先生的处置！

压轴戏是陕西电视台将我们两位学生由观众席推上去，给先生一个小小的惊喜。由此，就有了这么一张照片！

2003年10月8日，华山论剑，左二为主持人，左三、左四为学生王剑、卢敦基（卢敦基提供）

二十七　龙泉故地得青锋

龙泉——浙西南的一个小县，却出人意料地发散着文明的辉煌。

金庸于此有缘，也属意外。20 世纪 40 年代，金庸有一次从衢州经龙泉到丽水。当时到丽水的班车，两三天才有一班，所以金庸就在龙泉的一个同学家里住了两个晚上，才等上了班车。这意外的逗留，使金庸对龙泉产生了不一般的情感。

金庸武侠中，《笑傲江湖》里有一场险恶的打斗就发生在这里。那是令狐冲相助恒山派众尼南行，获悉恒山派掌门人定闲师太以及定逸等被困于龙泉铸剑谷，星夜疾驰前往援救。“到得龙泉城内，见铸刀铸剑铺甚多”，只是没有人知道铸剑谷的所在。他们凭借蛛丝马迹，觅入深山，正逢假扮魔教的嵩山派扑杀两位恒山派师太。令狐冲冲进救援。定逸师太竟对他大有见疑之意。令狐冲当机立断，大开杀戒，在嵩山派三名好手追赶下，专杀其他敌人。只见“他奔行如飞，忽而直冲，忽而斜进，足迹所到处，丈许内的敌人无一得能幸免”。“定逸站在窑顶高处，见令狐冲如此神出鬼没地杀伤敌人，剑法之奇，直是生平从所未见，心喜之余，诧异中再加骇然。”

这场打斗，与令狐冲为敌的对手武艺并不甚高，比之任我行、东方不败更是小儿科。但是金庸仍能把这场打斗写得凶险紧张、跌宕起伏，让人揪心，让人记挂，真为当世武侠文坛第一高手。

2004 年 10 月 24 日傍晚，在相隔 60 余年后，金庸再次来到龙泉，参加“龙泉问剑”。小小山城刮起了一阵“金旋风”。

在重游浙江大学龙泉分校旧址时，金庸心头泛起了浓浓的怀人思旧情。他不由自主地写下了以下文字：

2004 年 10 月 24 日，金庸来到龙泉，受到龙泉人民的热烈欢迎（龙泉市委宣传部提供）

金庸观看铸剑师铸剑
（龙泉市委宣传部提供）

金庸在赠剑仪式上发表讲话（龙泉市委宣传部提供）

金庸接受龙泉市赠剑（龙泉市委宣传部提供）

金庸为龙泉青瓷博物馆题词
（龙泉市委宣传部提供）

郑晓沧，胡伦清，

是我同乡兼长亲。

孔良曼，樊延龄，

昔曾同窗一同门。

今来旧址忆故人，

不见前辈心耿耿。

诗作颇有古风。

在参观了龙泉市博物馆后，金庸题词：

凝翡翠兮聚碧云，

得古铜兮铸长剑。

中华古文化，

龙泉得其二。

瓷、剑兼文、武，

龙泉皆有之。

龙泉之行的高潮，是龙泉市向金庸先生展示由龙泉各铸剑企业打造的 31 把刀剑。在表演现场，金庸兴奋不已。眼看着自己尽心描绘的利刃横空出世，有那么多匠人在承继和赓续中华文化，金庸心如潮涌。他激动地说："龙泉显然是一个小山城，但恰如'一枝红杏出墙来'，早已名声在外。我到过海外的许多地方，都有人知道龙泉，因为龙泉有宝剑和青瓷，有悠久的宝剑文化和青瓷文化。"

金庸与龙泉铸剑师们合影（龙泉市委宣传部提供）

现把这 31 把名刀剑一一列出：

金蛇剑——《碧血剑》中袁承志用；

无名匕首——《鹿鼎记》中韦小宝用；

龙泉宝剑——《笑傲江湖》中定逸等曾用；

倚天剑——《倚天屠龙记》灭绝师太用；

白虹剑——《倚天屠龙记》中殷天正用；

君子剑——《笑傲江湖》中岳不群用；

淑女剑——《神雕侠侣》中小龙女用；

玄铁重剑——《神雕侠侣》中杨过用；

紫薇剑——《神雕侠侣》中独孤求败用；

木剑——《神雕侠侣》中独孤求败用；

墨白双剑——《侠客行》中石清、闵柔夫妇用；

凝碧剑——《书剑恩仇录》中张召重用；

白龙剑——《书剑恩仇录》中陆菲青用；

剑中剑——《书剑恩仇录》中陈家洛用；

碧水剑——《笑傲江湖》中岳灵珊用；

真武剑——《笑傲江湖》中镇宅辟邪用；

湛庐剑、纯钧剑、胜邪剑、鱼肠剑、巨阙剑、龙渊剑、泰阿剑、工布剑——《越女剑》中允常、楚王等用；

屠龙刀——《倚天屠龙记》中谢逊曾用；

鸳鸯刀——《鸳鸯刀》中袁冠南、萧中慧夫妇用；

冷月宝刀——《飞狐外传》中胡斐用；

血刀——《连城诀》中血刀老祖用；

金背大刀——《书剑恩仇录》中周仲英用；

紫金八卦刀——《书剑恩仇录》中王维扬用；

虎头金刀——《射雕英雄传》中郭靖用。

这 31 把刀剑，由龙泉各铸剑店铺分制，一式两份，一副留存本店，一副赠予武侠小说大宗师金庸先生。消息当场宣布，全场欢声雷动。

2005 年，这些刀剑由金庸转赠浙江大学。

2005 年 1 月 19 日，金庸在由浙江大学人文学院和浙江省龙泉市政府共同主办的“龙泉宝剑展览”上讲话（李忠 摄）

上：金庸和浙江大学校领导及师生们参观宝剑
下：2005 年 1 月 19 日，龙泉宝剑展览上金庸和张浚生书记相谈甚欢
（李忠 摄）

二十八　剑胆琴心现荧屏

众所周知，二三十年来，大众文化迅速走红，基本将以前盘踞统治地位的精英文化打下了擂台：流行歌曲打败了诗词，最关键的，是电视剧打败了长篇小说 + 戏曲 + 评书。

不过，可以反复作为脚本不怕重复登上荧屏的，除了四大名著外，基本上也就是金庸作品了。任何对金庸武侠小说之成就有怀疑者，只要看一眼这个基本事实，并还对中国传统文学抱有一点点尊敬和理解的话，疑团也就不解自破。

金庸作品被改编为影视剧，最先当然是香港，而且在内地播出后极为走红，如《射

2002 年 5 月 13 日，金庸在象山影视城《射雕英雄传》拍摄片场（CFP 提供）

雕英雄传》，黄日华与翁美玲主演的“1983版”几乎被尊为经典。所以内地尽管一开始也有零星的金庸武侠电视剧，但对能否大规模重拍，不少人还是没有多考虑。1999年初，马云碰到张纪中，听他们说拍电视剧的重重困难，不由问：

“你有没有想去拍金庸武侠剧？”

“我当然想啊，可人家香港都拍过了啊。”

“那都过去15年了。现在重拍，如果拍得好一定会掀起又一次高潮。”

在场的陈伟，记得当时讨论的结果是：如果真拍，第一步就拍《笑傲江湖》。

也就是同一年，金大侠在一次答记者问中说：如果中央电视台以拍摄《三国演义》和《水浒传》的忠实于原著的方式来拍他的作品，他愿意一元钱出售版权。

说者有心，听者有意。张纪中便给金庸写信联系拍摄事项。金庸以传真回复，愿以一元钱出售《笑傲江湖》拍摄版权。

签约仪式是在杭州举行的。地点在杭州三台山一家宾馆。当时金庸住在浙江世贸酒店，有杭州方面的专车接送。陈伟煞费苦心，想办法借了一辆加长的凯迪拉克，车内有电冰箱、小桌子，座位是面对面的。他把车挡在金庸的专车前面。后来，金庸就坐着这辆车去了。据陪同的浙江大学人文学院的教授回忆，到了以后，中央电视台方面的人员比较紧张，主要是顾虑能不能真的以一元钱买了这部名著的拍摄权。金庸先生倒是很洒脱，稍微寒暄了一会后，便把这个合同签了。签完后，中央电视台的人员非常兴奋，连问金庸对内地新拍的电视剧有何意见。金庸提出了对香港剧的两点意见：一是搭景太多，真景太少，让人觉得假；二是改动太多，对原著不够尊重。他这个意思是说过多次的：“这么会改，你为什么自己不去写？还来问我买？”

上：2008 年杭州越剧院访问香港演出，金庸在香港文化中心观看演出后和《一缕麻》剧组演员合影
下：《一缕麻》演出结束后，金庸登台和演员们握手
（侯军提供）

上：金庸和杭州越剧院院长侯军（右一）
下：杭州越剧院院长侯军在香港金庸的工作室签约《鹿鼎记》版权无偿转让文书后，又获赠《鹿鼎记》签名本
（侯军提供）

应该说，中央电视台的态度是认真和负责的。总导演是黄建中，以《黑炮事件》闻名的实力派。他还突出四个特征：迷人的故事，高雅的格调，深邃的思想，通俗而不媚俗。制片人就是张纪中这位大胡子，他也因此与金庸武侠剧结缘，后来他连续拍了五部：《射雕英雄传》（2003）、《天龙八部》（2003）、《神雕侠侣》（2006）、《倚天屠龙记》（2008）和《鹿鼎记》（2008）。

其实，除了这“一块钱卖版权”外，金大侠还有一个“免费给版权”的故事，这发生在戏曲界。2015 年 1 月 7 日，杭州越剧院在杭州剧院首演越剧版《鹿鼎记》，而杭越也是第一家拿到金庸无偿授权《鹿鼎记》的越剧团。说到这段经历，院长侯军是又意外又激动，“真的是一块钱也没收”。2008 年，杭州越剧院去香港演出《一缕麻》，侯军经媒体朋友的引荐，给金庸送了邀请函看戏，金庸如约而至，还看得尽兴，不仅上台跟演员合影，而且还认为《一缕麻》中扮演“憨大”的徐铭和适合演韦小宝。有了这次愉快的见面，后来拿到版权也十分顺利，金庸都是一口答应的，足见大师的爽快、可爱。

永康方岩石鼓寮影视基地，《天龙八部》拍摄现场（林群心 摄）

《天龙八部》拍摄地之一永康方岩石鼓寮景区（林群心 摄）

金庸武侠电视剧使浙江不少旅游景点从默默无闻到声誉鹊起。新昌的“穿岩十九峰”，就是由《笑傲江湖》变成热门景点的例证。永康的石鼓寮景区，21 世纪初我去踏勘时，杳无人烟，一个流浪汉在此住下几个月，无人知晓。今日真是游人如织，《天龙八部》中虚竹解棋局这一幕，就摄于此地，影视剧拍摄也是三天两头有。桃花岛则更不用说了，本书另有交代。

至于因演金庸武侠电视剧而走红的青年演员，更是数不胜数。我当年参加“华山论剑”的前一天，住在山下的宾馆。隔壁是一个极为漂亮的少女和一个更为漂亮的少女妈妈。其实我不知道是谁。眼见宾馆的服务员（以女性为主）一窝蜂地拥去求签名，才知道她叫刘亦菲。我自己亲历的追星场面，仅此一次。事后我才知道，她演的是电视剧《天龙八部》中的王语嫣，但我深深了解大众文化的魅力。这样说吧：

金庸小说，每过 10~15 年完全可以在荧屏上再现一次。

因为巨著的魅力。

也因为每一代有自己的明星！

二十九 桃花岛上觅桃花

东海桃花岛，好个神府所在!

“桃华影落飞神剑，碧海潮生按玉箫。”

“东海桃花岛的弹指峰、清音洞、绿竹林、试剑亭，你还记得吗？”

梅超风记得，我们当然也记得。

但是金庸是何时才初登这个宝地呢？要到2001年10月14日。在那之前的7年，1994年，金庸周游浙江，先去了嘉兴、杭州、绍兴、宁波后，来到了普陀山，听人说与此一海之隔就是他写过的桃花岛，十分高兴，挥笔写下“碧海金沙桃花岛”七个大字。但毕竟缘悭一面，未能亲自登临。

再倒回近40年，即1957年，金庸写他的武侠代表作之一的《射雕英雄传》时，想为黄药师找一栖身之地。“选择黄药师和黄蓉住的一个仙岛是很难的。那必须不能太远，否则不符合情节中所说的两三天就能从内陆到达；也不能太近，太近就没有神秘感。而且作为东邪的住所，这个岛还不能太大，也不能太小。”他参照地图和资料，选定了桃花岛。一着闲棋，不料使桃花岛九州扬名。

金庸写《射雕英雄传》前，还有两部名作《书剑恩仇录》和《碧血剑》。那里边写到的浙江杭州、衢州，金庸是生活过的。但回疆和华山，当时金庸并未到过，完全是按图索骥。不过，那些地方名气大，名人游记也比较多。不起眼的桃花岛在金庸前一直乏人记述。原来桃花岛上固有桃花，事情却甚为蹊跷。

最新版《射雕英雄传》第十六回，黄蓉带郭靖去桃花岛，向其解说桃花岛之名，在于当年仙人葛洪在岛上修道，仙去时在石上泼墨，墨水化成一朵朵桃花之形，遗留不去。（金庸按：此种石上花形，桃花岛上至今犹存，为数甚多，余在岛上曾见过。

青山翠绿下的射雕旅游城（《浙江日报》提供）

2001 年 10 月 14 日，金庸登上桃花岛，向岛上朋友挥手致意（张奔 摄）

《射雕英雄传》拍摄现场（《浙江日报》提供）

实则为古生物之化石，犹如三叶虫、燕子石化石之类。）岛上本无桃花，他父亲定居之后，这才大植桃树。

金庸初登桃花岛，是 2001 年 10 月 14 日，恰逢《射雕英雄传》电视剧在此拍摄，再加又是秋季爽适天气，还是个星期天，几个因素一叠加，万人空巷自不必说，而且寸步难行。这说的是金庸那天上午乘船抵达该岛后，一走下船，就被记者和粉丝层层包围，根本挪不动脚步。金庸频频挥手致意，电视剧制片人张纪中冲锋在前，奋勇开拓，金庸才出了这包围圈。据当时的报道，岛上游客近万人，夜市座无虚席，每家客栈均客满。大家既来看景，也为看金庸。

射雕影视城为拍摄电视剧搭制。小说中本坐落于太湖的归云庄也搭建其中。大厅中，为金庸设了专用的座椅和文房四宝。金庸在此听了设计说明。下午，他被一个用两根毛竹加一把藤椅制成的简易凉竿抬到桃花寨小会议室，金庸挥毫：“射雕英雄传

桃花岛（《浙江日报》提供）

旅游城”。

尔后，金庸来到沙滩，浙江电视台“射雕拍摄实况转播”现场。饰演杨康、穆念慈的周杰、蒋勤勤等围坐在金庸身边。金大侠对周杰说：“很对不起，把你写得那么坏。”现场响起一片会意的笑声。他问了周杰的籍贯，饰演过什么角色，对剧中人物如何理解。接着是直播，金庸夸奖剧组兵强马壮，和张纪中的合作很好，他是一个很听得进意见的人。并说，如果这次拍得比较满意的话，《神雕侠侣》的拍摄版权也可以继续转让。

在紧接着的记者见面会中，金庸秉持了他一贯的理性、冷静。当记者问这次的《射雕英雄传》电视剧能否超过 1983 年的港版时，金庸回答：“剧组的人都很认真，对服装道具我也很满意。至于对主要角色的看法，我和李亚鹏、周迅还有穆念慈的扮演者蒋勤勤聊过天，他们的演技很好。至于是否能超过‘83 版’，我现在还没有看到最后拍好的片子，所以我不能评价，但我有信心它会超过‘83 版’。”当记者问及诺贝尔文学奖提名时，他回答：“我不会获得诺贝尔文学奖的。获诺贝尔文学奖的作品一般都很前卫、很新潮，有时候没什么故事情节，很难读懂。我的作品与其文学趣味不同的。”

在桃花岛布景拍片（胡健巧 摄）

三十　师兄长驻求是园

1998 年 9 月 15 日，对浙江大学的师生来说是特别值得铭记的日子。这天曾经同根同源的浙江大学、杭州大学 、浙江农业大学 、浙江医科大学四校合并为新浙江大学。

四校合并后的 1999 年 3 月 26 日，著名武侠小说家——已是原杭州大学、老浙江大学名誉教授的金庸再一次来到了新浙江大学。26 日下午，金庸先生从浙江大学校长潘云鹤手中接过两份聘书，一份为浙江大学教授的聘书，另一份是浙江大学人文学院院长的聘书。金庸先生应聘正式出任浙江大学人文学院院长。这成了举国上下似乎人

1999 年 3 月 24 日，新浙大张浚生书记、黄书孟副校长前往杭州笕桥机场迎接金庸到来（马延涛 摄）

1999 年 3 月 24 日，《钱江晚报》记者徐澜在杭州笕桥机场迎接采访金庸，向他转达钱报读者的问候（马延涛 摄）

人皆知的喜事，人们除了知道先生是以武侠成为万人迷之外，人们也开始知道金庸不仅是学者，还成了新浙江大学人文学院的院长。

也许金庸本人也难以解读，自己的生命何以与浙大，与竺可桢、路甬祥、张浚生、潘云鹤在浙江大学的时空里交集，除了缘分还是缘分。

金庸说，他与浙江大学有缘。52 年前，他报考过浙江大学。那一年，他在《东南日报》当记者，很想进浙大读外国文学硕士学位。但后来因为经济困难，不能放弃记者的职业而没有读成。时任浙大校长竺可桢与金庸这位素不相识的年轻人作了长谈。金庸至今记得竺校长的话：一个人求学问并不一定要进学堂，在哪里都可以做学问。

金庸先生还回忆过另一件往事：1994 年，时任浙江大学校长的路甬祥邀请金庸夫妇访问浙大，并表示了聘他为浙大名誉教授的愿望，金庸欣然应允。1996 年 11 月，金庸被正式聘为浙大名誉教授。

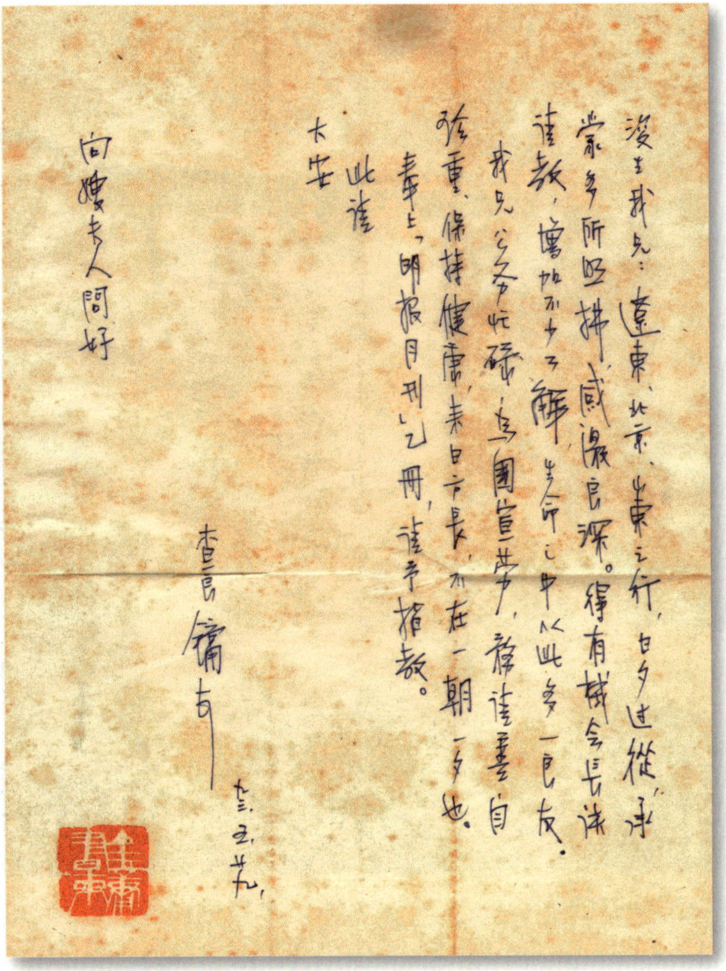

浚生我兄：遠東、北京、東之行，多多過從，承蒙多所照拂，感謝良深。得有機會長談請教，增加不少了解，在今之中，從此多一良友。我兄公務忙碌，為國宣勞，務請善自珍重，保持健康，來日方長，不在一朝一夕也。奉上《明報月刊》乙冊，請予指教。此請

大安

查良鏞 上

向嫂夫人問好

金庸给张浚生的亲笔信（张浚生提供）

金庸最终成了新浙大人文学院的院长，关键人物还是张浚生先生。

话说当年张浚生走马上任新华社香港分社副社长时，第一个拜访的香港文化名人就是金庸。张浚生书记至今还清晰地记得，金庸在办公室会见他时是用白兰地招待他的趣事。没有想到的是，从此张浚生与金庸成了莫逆之交。笔者访谈原浙江省侨办主任杨招棣先生时，杨先生告诉说，金庸自己曾说，浙江两个最要好的朋友一个是张浚生，一个就是杨招棣了。1998 年，张浚生离开新华社香港分社，被组织上委以新浙江大学党委书记的重任，期间与金庸还是保持密切的联系。

2001年5月18日，徐岱、金庸、张浚生以及金庸秘书李以建（从左至右）在西天目（张浚生提供）

20世纪90年代，金庸做客张浚生家中（张浚生提供）

金庸与徐岱教授是忘年交，经常泛舟西湖（潘一禾提供）

1998 年 9 月，金庸应邀来杭州参加浙江大学、杭州大学、浙江农业大学、浙江医科大学四校合并为新浙江大学的成立仪式。校长潘云鹤与金庸先生谈话时表示，为了新浙大的发展，希望金庸先生多多给予关心和支持。金庸回港后与潘校长曾有多次书信交往。期间，张浚生书记在媒体报道中看到，金庸自己表示说封笔后拟去北大、浙大做学问，于是张书记就向潘校长建议商量，可以把金庸请来担任新人文学院院长。

张书记亲自致电老朋友，恳请金庸为新浙大出山，金庸很爽快地答应了。期间还有人文学院的徐岱教授也承担了说客的荣耀，因为金庸1996年受聘老浙江大学名誉教授后，与时任老浙大文学院院长的徐岱等一帮教授们谈经论道，关系甚密，好不开心。徐岱回忆说，有一天潘云鹤校长把他叫到办公室，问徐金庸可能来做人文学院院长吗？潘校长请徐岱去同金庸沟通并征求意见。徐岱接任务后即致电金庸，金庸满口答应了，金庸还告诉徐岱说，你要给我做助手哦。

2011年6月，徐岱赴港拜访金庸（潘一禾提供）

有了金庸的意见后，潘校长心里有底了。1998 年年末，潘校长来到香港，专程拜访了金庸，当面力邀金庸加盟新浙大，宾主见面相谈甚欢，并共同探讨了新浙大的美好未来。1998 年 12 月 31 日，回到杭州的潘云鹤校长给金庸发去了正式的邀请函。信函中说："我与张浚生先生商量再三，一致认为新的浙大人文学院院长非先生莫属。若先生屈尊出任，海内外英才必闻风归属，社会贤达必鼎力相助，求是学子必踏（原为突飞猛进，信中应是笔误）飞猛进……望先生万勿推辞。"校长之邀，言之凿凿，感天动地，铿锵有力。金庸有情有缘于浙大，接校长信函后即复信说，自己学识浅薄，校长委以院长重任，理当尽己微力为学校作出贡献而不负盛情。回函中先生即以院长

潘云鹤校长与金庸书信往来（浙江大学档案馆提供）

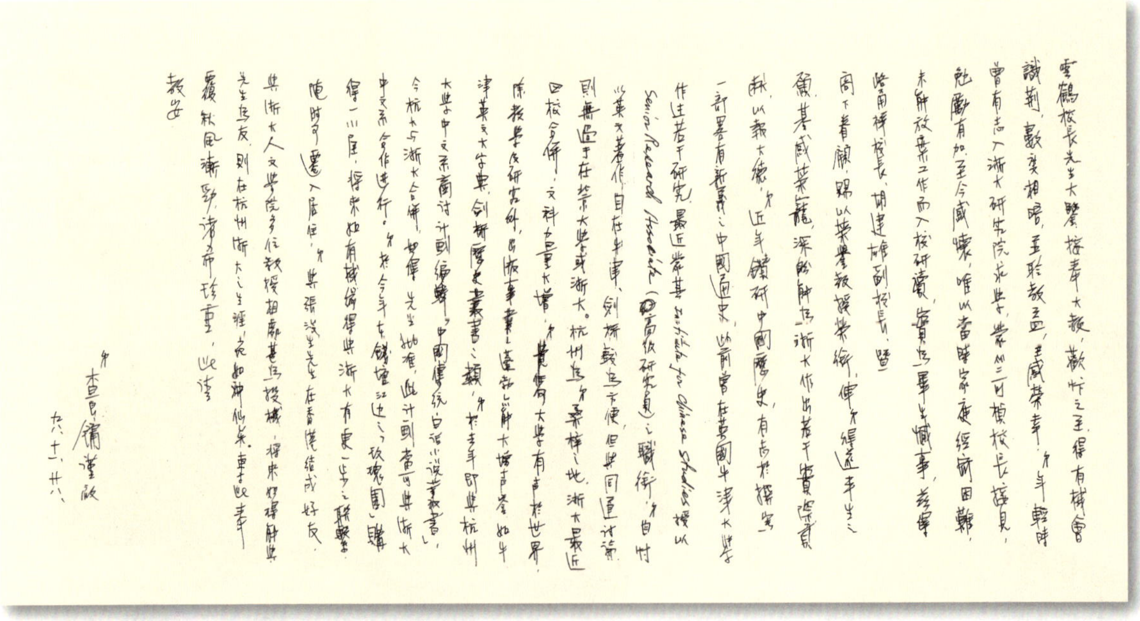
雲鶴校長先生大鑒：接奉大札，歡忭之至。得有機會
識荊，數度相晤，并聆教益，至感榮幸。弟年輕時
曾有志入浙大研究院求學，蒙竺可楨校長接見，
勉勵有加，至今感懷。唯以當時家庭經濟困難，
未能放棄工作而入校研讀，實為畢生憾事。茲蒙
潘前校長、胡建雄副校長，暨
閣下眷顧，賜以榮譽教授榮銜，俾弟得遂平生之
願，甚感榮寵。深盼能為浙大作出若干實際貢
獻，以報大德。弟近年鑽研中國歷史，有志於撰寫
一部略有新義之中國通史。此前曾在英國牛津大學
作過若干研究，最近並兼 Institute for Chinese Studies 授以
Senior Research Associate（高級研究員）之職銜。弟自忖
以英文著作自在牛津、劍橋較為方便，但與同道討論
則無過于在北京大學或浙大。杭州為弟桑梓之地，浙大最近
四校合併，文科力量大增，弟覺浙大將有望於世界
除教學及研究外，出版事業上盼能大播聲望，如牛
津、英文大字典、劍橋歷史叢書之類。弟於去年即與杭州
大學中文系商討計劃編輯《中國傳統白話小說叢書》，
今杭大與浙大合併，如蒙先生批准，此計劃當可與浙大
中文系合作進行。弟於今年在錢塘江畔之玫瑰園購
得一小屋，將來如有機緣得與浙大有更進一步之聯繫，
隨時可遷入居住。弟與張浚生先生在香港結成好友，
與浙大人文學院多位教授相處甚為投機，將來如得與
先生為友，則在杭州浙大之生涯，直如神仙矣。專此奉
覆。秋風漸勁，諸希珍重。此請
教安
弟 查良鏞謹啟
九八、十、廿八

良镛先生大鉴：

十一月廿六日大函拜读。先生于浙大之深情厚意跃然纸上，令人倾感不胜。

先生驰骋文坛报界数十年，作文、研史、兼论哲理，大笔如椽，令世人靡然向风。今先生功成之后，仍壮心不已，拟编书撰史，再著传世之作，并蒙先生不弃，使浙大师生有幸参与，我深为欢欣鼓舞。

此次浙大四校合并，旨在建成世界一流之综合研究型大学。除理工农医之外，人文当亦以一流为鹄。目前新的人文学院正在筹组。借鉴浙大历史和其他名校之经验，深感若无一位与世界一流人文学科相适称之学者领衔担纲，恐虽有精兵良将，仍未能成就大事。我与张浚生先生商量再三，一致认为新的浙大人文学院院长之人选非先生莫属。若先生屈尊出任，海内外英才必闻风归属，社会贤达必鼎力相助，求是学子必踏飞猛进，而浙大人文学科以欣欣向荣之势跃起于世界东方之时，必指日可待矣！望先生万勿推辞为至祷。

如蒙先生俯允，来年二月我将专程赴港登门造访，商议具体安排，万望先生予以接纳。

专此奉达，敬请赐复，并颂

岁祺

潘云鹤谨启

一九九八年十二月廿一日于浙大

云鹤校长先生大鉴：

接奉大函，隆情厚意，既感且愧。先生不嫌浅陋，赐以重任，自维学识浅薄，且无大学教学资历，虽中外著名学府颇赐学术荣衔，亦以虚衔为多，浙江大学乃是全国首屈一指之高等学府，人文学院院长一职责任重大，自恐尚无资格出任，承蒙校长先生及浚生先生见爱，只勉力而为，尚祈今后多加指导点拨，俾能以微力，为浙大作出若干贡献，不致有负期望耳。

校长先生拟于二月中来港一行，极表欢迎。但如专诚为颁发浙大聘书而来，则殊不敢当，此聘书以邮件赐寄即可。但先生如能拨冗来港，俾有机会面聆教益，则自不胜企盼之至。如行期已定，请先赐告，俾能代定下榻之所，并邀请香港各大学校长暨学术界耆硕与校长先生会晤，共表欢迎之忱。拟于人文学院中增设“国际交流学院”（或“部”），则拟来浙大与香港之大学进行交流合作，当有俾益。香港理工大学与若干工业企业进行合作，订立研究合同，有助于争取到大学之经费。理工校长潘宗光先生是我知交好友，我希望日后浙大可与香港理工大学建立若干合作关系，彼此可以两利。

专此奉覆，敬请

教安

弟 查良镛

一月十四日

1999 年 4 月 26 日，浙江大学聘任金庸为人文学院院长仪式（卢绍庆 摄）

在聘任仪式上，时任浙江大学校长潘云鹤亲手把聘任证书颁发给金庸（卢绍庆 摄）

1999 年 4 月 26 日，新科院长金庸与浙大潘云鹤校长（右二）、张浚生书记（左二）、
黄书孟副校长（左一）以及倪明江副校长（右一）合影（卢绍庆 摄）

角色为学校出谋划策，共议大事。

金庸在受聘仪式上说，他这次来浙江大学任职，是因为对家乡浙江及浙江大学特别有感情，他很乐意来浙大工作。同时他认为浙大在文史研究上十分出色，有许多著名的教授学者，他为能有机会与他们共同切磋研究而感到高兴。今后将举办讲座，传授文学、新闻、政治等方面的研究心得以及自己的人生经验、感悟，希望浙大学子能以开放的思想融会贯通。我们分明听到，先生谈笑风生的江浙口音的普通话，依然留着少小离家老大归的浓浓乡音。但对雄心不因白发改，对用一支如椽大笔写就了人间多少悲欢离合的“大侠”来说，当然是一种更高境界的笑傲江湖！

聘任仪式上，浙大党委书记张浚生发表了热情洋溢的欢迎辞，他自称是“金庸迷”，看过金庸所有的武侠小说，并深深为其艺术魅力和深刻内容叹服，同时还高度赞扬了他在新闻、哲学、历史等领域的造诣以及为香港回归作出的贡献。张浚生说，查先生的应聘将对加强浙大人文社会科学的建设和人才培养，对学校开展国际学术交流、扩大国内外影响有十分重要而深远意义。

浙江大学人文学院党委书记张梦新向金庸汇报工作（张梦新提供）

浙大校长潘云鹤说，浙江大学要办成一流大学，就要拥有一流的教师队伍，查良镛先生的加盟，对浙大是很大的支持。浙大将畅开大门，欢迎海内外各路人才加盟。

2005年，金庸以年事已高及拟前往剑桥大学进修研究为由，提出辞去浙江大学人文学院院长职务。学校曾再三恳请其留任。为尊重先生意愿，勉从先生所请，学校同意先生辞去浙江大学人文学院院长一职。同时，鉴于金庸在诸多领域的深厚造诣和突出成就，以及对浙江大学的卓越贡献，正式聘请金庸担任浙江大学人文学院名誉院长。

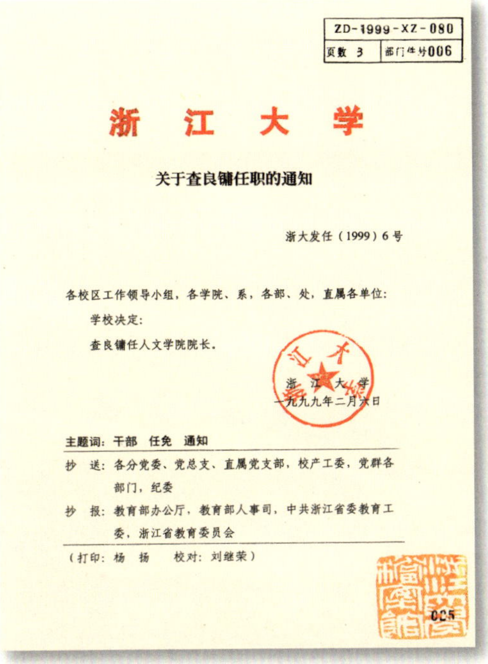

ZD-1999-XZ-080
页数 3 部门件号 006

浙 江 大 学

关于查良镛任职的通知

浙大发任（1999）6号

各校区工作领导小组，各学院、系，各部、处，直属各单位：

学校决定：

查良镛任人文学院院长。

浙江大学
一九九九年二月六日

主题词：干部 任免 通知

抄 送：各分党委、党总支、直属党支部，校产工委，党群各部门，纪委

抄 报：教育部办公厅，教育部人事司，中共浙江省委教育工委，浙江省教育委员会

（打印：杨 扬 校对：刘继荣）

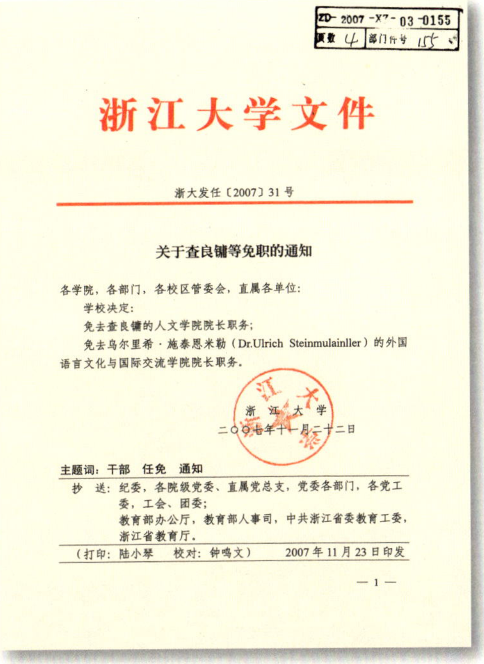

ZD-2007-XZ-03-0155
页数 4 部门件号 155

浙江大学文件

浙大发任〔2007〕31号

关于查良镛等免职的通知

各学院，各部门，各校区管委会，直属各单位：

学校决定：

免去查良镛的人文学院院长职务；

免去乌尔里希·施泰恩米勒（Dr.Ulrich Steinmulainller）的外国语言文化与国际交流学院院长职务。

浙江大学
二〇〇七年十一月二十二日

主题词：干部 任免 通知

抄 送：纪委，各院级党委、直属党总支，党委各部门，各党工委，工会、团委；

教育部办公厅，教育部人事司，中共浙江省委教育工委，浙江省教育厅。

（打印：陆小琴 校对：钟鸣文） 2007年11月23日印发

— 1 —

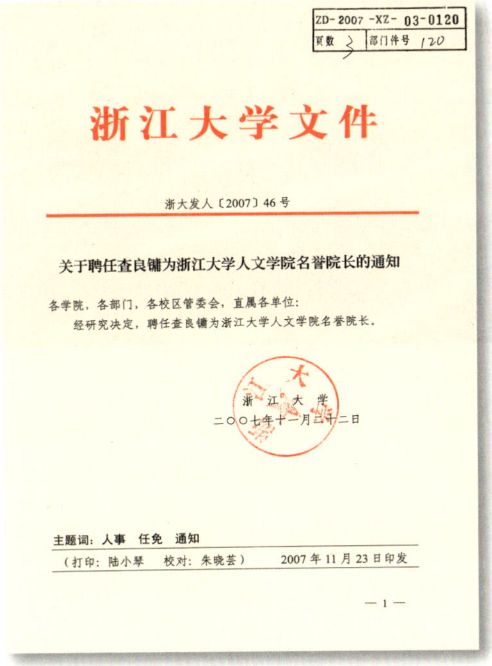

ZD-2007-XZ-03-0120
页数 3 部门件号 120

浙江大学文件

浙大发人〔2007〕46号

关于聘任查良镛为浙江大学人文学院名誉院长的通知

各学院，各部门，各校区管委会，直属各单位：

经研究决定，聘任查良镛为浙江大学人文学院名誉院长。

浙江大学
二〇〇七年十一月二十二日

主题词：人事 任免 通知

（打印：陆小琴 校对：朱晓芸） 2007年11月23日印发

— 1 —

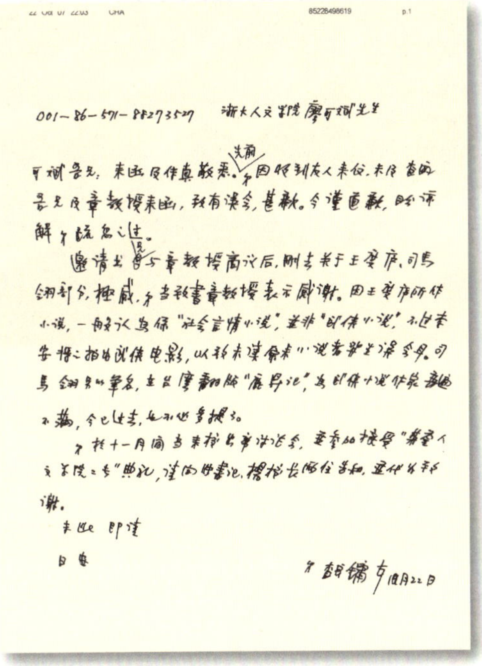

22 Oct 07 22:03 CHA 85228498619 p.1

001-86-571-88273527 浙大人文学院廖可斌先生

可斌吾兄：来函及传真敬悉。弟先前因收到友人来信，未及查阅吾兄及章教授来函，致有误会，甚歉。今谨道歉，盼谅解弟疏忽之过。

邀请出席与章教授商议后，删去关于王度庐、司马翎部分，极感，弟当致书章教授表示感谢。因王度庐所作小说，一般认为系"社会言情小说"，并非"武侠小说"，不过李安将之拍为武侠电影，以致未读原来小说者发生误会耳。司马翎则以笔名，在台湾翻版"鹿鼎记"，为武侠小说作者所不满，今已过去，亦不必多提了。

弟于十一月间当来杭出席讨论会，并参加接受"名誉人文学院院长"典礼，谨向母校致意，杨校长及各位告知，并代为致谢。

专此 即请

日安

弟 查良镛 上 10月22日

上左：关于聘用查良镛为浙江大学人文学院院长的通知
上右：关于查良镛等免职的通知
下左：关于聘任查良镛为浙江大学人文学院名誉院长的通知
下右：2007年，金庸给廖可斌的信，信中金庸对中国武侠小说学术研讨会提出意见，并表示参加名誉院长受聘仪式（浙江大学档案馆提供）

2007 年 11 月 25 日，金庸在浙江大学人文学院名誉院长授聘仪式上致辞（卢绍庆 摄）

2007年11月，杨卫校长向金庸颁发人文学院名誉院长证书（卢绍庆 摄）

2007年11月25日，浙江大学在紫金港校区国际会议中心举行了隆重的聘请金庸先生担任浙江大学人文学院名誉院长的仪式，浙大学子太爱自己的院长了，整个会议中心被围得水泄不通，大家希望能多看一眼大师兄，更喜欢大师兄能给学弟学妹们再叮嘱几句。金庸果不负众望，他深情地说：“今天我院长不当了，浙大请我担任名誉院长，那我和同学们师兄师弟的关系可以永远固定下来了。”金庸最喜欢的就是大家称呼他大师兄了。

金庸，浙江大学永远的院长！

附录 1 追忆金庸先生

卢敦基

尽管先生的身体不好已有相当长的一段时间，但对此噩耗仍然没有心理准备。一直心想，年逾百岁，当今似乎也不是特别稀罕的事吧。所以当报社朋友的电话铃声响起时，我在电脑面前傻坐着，不知道应该做点啥。等到放下电话，决定还是遵嘱追忆一下旧事吧。

第一次知晓先生小说

第一次知道金庸先生的武侠小说，是在一个非常意外的场合。那是 1981 年的 9 月底，我与几位大学同学乘坐费时一天的长途汽车前往黄山旅游。前座有一对年轻夫妻，男的向女伴另一方向的邻座拿了一册书，顿时低头苦读，浑不理旁边女伴的拉、扯、嗔、怒。当时我虽年轻不谙情事，但也觉得此男人有些过分，于是好奇心起，立身张望，见书中有“陈家洛”二字。当时内地出版的文学书籍并不算太多，我又性喜阅读，绝大多数书一看内容即能知晓书名，但此书确实未见，所以仍不明所以。待到黄山归来，有同学神秘兮兮地给我一册书，让我不要声张，悄悄地看。这部《书剑恩仇录》上册，作者为金庸，纸张粗糙，装帧简单，当时也没在意。读了两三页，真好比林黛玉读《西厢》，直觉“词藻警人，余香满口”。七八十页后，“陈家洛”赫然出现，此时想起那个男人，也觉并非过分了。

第二天拿到下册读完。当时在想：我也是读中文系的大学生，古今中外的文学名著，只要是有中文版的，也算大致有些知晓。为何这么好的一本书，从未有师友提起，也从未见有文学史讲述？难道是自己的文学批评能力完全失灵？又或是众人皆盲，浑不知该小说为何物？一时懵懵懂懂，不知自己身在何处。

2011 年元月香港，应忠良、应晓非探望金庸先生

第一次与先生见面

同样，第一次见到先生，也是在一个意外的场合。

那是 1997 年的一个春天。当时浙江大学尚未与杭州三家高校合并，金庸先生当时为浙江大学中文系设立了一项奖学金，该系要举行一个仪式。由于我素喜金庸，名声在外，我的大学同学、系主任徐岱让我代表他们做一个发言。记得那天是 4 月 4 日，上午在浙大一个会堂举行了仪式，我写了一页 A4 纸的发言，读了。下午是安排在杭州植物园的某处草地上座谈。那天气氛特别轻松，参加者皆以青年教师为主，所以毫无忌惮，我记得我熬不住提了两个久思不解的问题：

第一个问题是，先生的武侠小说，情节发展总是出人意料，可以说是异想天开，但又合情合理，极为吸引读者。那么这些情节是怎样写出来的？有小报说：先生写作，碰到写不下去的难关，便召集众友，让大家谈情节发展的设想。夜深人散，先生方才下笔，方法是避开所有人的建议。请问先生是真的这样吗？

金庸先生听罢大笑：“那怎么可能！哈哈哈哈……”。

我也顿时明白，不由惭愧地笑了。当然，真实情况我是很晚才知道的，当时先生办报，经营、写作均亲自为之，写作也只能每天在忙完诸多杂事后匆匆动笔，很多时候是排字工人候在门外的，哪来这许多的悠闲？好事者揣测之词，也是意料中事，但本不应该成为吾辈粗通文学之人的问题啊！事后反思，还是爱之太甚，转为迷惘所致。

至于第二个问题，问的虽较内行，没有弄出笑话，但也是人云亦云，不值一提，尽管他的回答对我启示尤深。

两年后的同一天，我的《金庸小说论》初稿写完。

左：2011年元月在香港，卢敦基向金庸先生汇报学业完成情况
右：金庸先生给应忠良、卢敦基题字留念

最后一次会面

2003年，我有幸成为金庸先生在浙江大学人文学院的博士研究生，在职读博。其间先生多次来杭，经常在中午休息过后，在下榻的酒店咖啡厅找一张桌子，与我们聊上几个小时。或问学业，或评时贤，抑或关心学生的日常生活。有当时闻即喜者，也有思考许久方悟者。至于博士论文的开题报告，先生阅后，更加写下长篇批语，指出研究方法方向。在先生的指导下，在就职单位的支持下，我通过了博士学位论文答辩。

2011年的元月，我与一友人专程赴港拜见先生。先生在中环一酒店设宴。那天我也觉得先生的身体已不如往昔，证据是初次见面时先生打招呼有些迟钝，全不似原先的轻快灵动。但饭吃到一半，先生重焕光辉，有问即答，兵来将挡，水来土掩。那天在场的还有先生家乡海宁市的领导，皆为共同见证。先生座中为我博士论文题字。日后付印，就是用的此题签。

先生在我眼中为何许人物？借用一下晚清吴汝纶谈其恩师曾国藩的一段话吧：

文正公之为人，非一世之人，千载不常遇之人也。吾生乎千载之后，而遥望千载之前有若人焉，吾不能与之周旋也，吾心戚焉。吾生乎百载数十载之后，而近在百载数十载之前有若人焉，吾亦不能与之周旋也，犹之戚焉。并吾世而生而有若人焉，无千载百载数十载之相望，乃或限于形势，或间阻于千里百里之远，吾仍不能与之周旋也，吾心滋戚焉。若乃并吾世而生，无千载百载数十载之相望，又且不限于形势，不间阻乎千里百里之远，而获亲接其人，朝夕其左右而与之周旋，则其为幸也至矣。

我虽远未朝夕左右，也深知自己之幸运。因为当我写完金庸小说论著之后，我对先生有了自己的体认。简截说来，先生已经进入中国文化的伟人之列，当在中华民族的历史长河中持续地放射异彩。他不仅创造了中国武侠小说的高峰，而且他的武侠小说完全以现代思想为内核，创造性地发展了中国传统文化。他是站在时代前列的人！他的文化成就，将长久为后人学习记取！

社会上不时有人非议先生的武侠小说。对此问题我专门做过思考。确有一部分读者看武侠小说就头晕，以为它脱离现实、胡编乱造。但这实在仅仅出于他个人的兴趣、习惯和爱好。事实上《西游记》也有许多人不喜欢，今天还有不少人宣称看不懂《红楼梦》，这种言论作为个人的批评也不甚妥，作为负责任的评论则更是远其甚也。如果按中国文学批评的最高标准——雅俗共赏，先生的小说毫无疑问已在杰作之列。试问二十世纪的中国文学，又有哪一人能够以他笔下的人物、故事、词汇、场景等如此直接、如此频繁地进入大众的日常生活？当然走红一时的文艺作品也经常可见，文学史家的办法是再引入一个时间的坐标，俗称“须经得起时间的考验”。先生作品，自1955年乍现人间，至今已有一甲子之久，足够“三十年河东，三十年河西”一个整体轮回。大浪淘沙之下，其余武侠作品大都已经淡出，赢者通吃其实不仅限于商业领域。先生小说之伟大于此可见。呜呼！世运推移兮，哲人其萎。先生之风兮，山高水远！

2018年10月30日匆匆

附录 2

缘分竟如此奇妙

何春晖

致查先生的信之一

亲爱的查先生：

您真的走了吗？小妹至今我仍不愿相信。您多少次的被“去世”让我害怕，但每每虚惊一场，希望这一次仍是喜欢惹事的媒体作的梗。但铺天盖地的信息在汹涌地告诉我“先生含笑，已然远去”“金庸之后，再无江湖”“他带着武侠梦睡着了”“若无先生，不知是否还会有阿里” “笑傲江湖成绝响，人间再无侠客行”……我第一时间给查太太发了微信，顿时悲从中来。海峡两岸暨港澳的媒体，都在哀悼呼唤着先生，热爱先生的人们展开了一场别样的“武林大会”，您给了大家一个武林，大家给了您数亿个武林。大家希望以这样的方式向您致敬，为您送行。

据说先生是在家人的陪伴下，带着微笑安详地去了另一个世界，且没有留下任何遗嘱。的确，您已无需任何“遗嘱”，您留给这个世界的已然太丰富了。谁都知道，您不仅是闻名世界的武侠小说大家，更是中华文化的集大成者，还是卓有谋略的的政治家。作为您的小友，我更想说先生是侠骨柔情的谦谦君子，温润如玉的慈爱长辈，爱憎分明的大师兄。记得您曾经给我的题字上就呼我为“春晖小友”或“春晖小妹”，小友真是受宠若惊，无比珍爱这份老少之情。自您 1999 年成为浙大人文学院院长开始，小妹便有幸成了您的第一任院办主任，8 年里，作为助手，深感自己才疏学浅，实在难以匹配您盖世的才华和博大的胸襟。但您总是让我们如沐春风，温暖无比，像学长，如慈父，更是兄长，学院的老师们总是很享受与您称兄道弟，学生们对您这个大师兄更是充满狂热的爱。于是小妹更是不吝自己的浅薄而追随您，我不知道我是从哪儿修来的缘分，生命里居然有如此之多的时光受您的教诲，沐浴您的恩泽。

查先生您可记得咱们的最后一次见面吗？2014 年 7 月 13 日，我们一家三口专程去了香港探望先生，此情此景分明就在眼前。我们一进您家门，查太太就冲着在楼上的您喊“春晖来了”，一会儿您在助手的搀扶下出现在我们眼前，尽管行动不便，但面色红润，用您那润润的乡音向我们招呼“薛先生好！春晖好！”您还是一如既往的温文尔雅，彬彬有礼。记得告别时您还非要起身相送到门口，其时您已经需要两人帮忙才能挪到门口送我们一家，感动得我们不知所措。其实当时的您身体已大不如从前，记性也有所下降，但我们一聊到浙大的这些故友时，您总是露出无限的快意。记得当时查太太递给您纸笔，请您写我的名字，您很认真地一笔一画写下了我的名字，查太太很欣慰地说：“先生记得你呢！”当时的我既感动又不免生出了一丝无名的悲凉，感动的是小友还能留在您的记忆里，悲凉的是，上天为什么在您的晚年要收走您的一些记忆呢，难道上天也会妒忌吗？妒忌您的绝顶聪明？妒忌您的博大精深？妒忌您的侠行天下？今天想来，原来您早已是参透人生，“来人间大闹一场，再悄然离去”。

您可记得那天的聚叙真的分外开心。把酒言欢曾经是咱们每次相聚的内容之一，查太太记得我先生有些酒量，尽管当时是下午时分，还是拿出了一瓶上好的红酒招待我们。佐酒的是一碟薯片，平生也是第一次薯片就红酒，却有了别样的味道。但那天查太太没有让先生喝酒，说因健康原因医生不让喝了。查太太怕您看着馋，就拿了自己的酒杯让您抿了一下，您便微笑着抿了一小口，查太太就势往您的嘴巴里塞了一小片薯片，只见您一脸的满足，慈爱地看着查太太。查太太对先生的这种关怀是无微不至的，以前每每大家吃饭时，查太太总会拿出一个五彩药瓶，排出各色药丸足有一小把，让先生吞下。此时的先生都特别乖，就像一个特别听话的小孩，把五彩药丸一一吞下。

查太太告诉我，这是各种维生素药丸。有时看查先生衣领歪了，会很贴心地整一把，然后还给我们做个鬼脸。查先生的温和慈祥，查太太的可爱率真，让我们羡慕不已。

记得2004年的4月，你们夫妇又一次来到杭州。从机场到雷迪森酒店时已过了晚饭时辰，大家建议你们再吃点东西，查太太毫不犹豫地点了碗片儿川。一品锅的片儿川，查先生也就吃了一小碗，查太太连吃三小碗，似乎人间美味尽在面汤中。查先生取笑查太太说，大家闺秀，狼吞虎咽好意思吗？大家哈哈大笑。我就顺便说，片儿川杭州人都会做的，何时请两位尝尝我的手艺。查太太马上说："好啊，去吃春晖做的片儿川。"于是，查先生的行程中就安排了半天来我的小家做客。说实在的，夸下海口的我心里还是很不踏实的，查先生可是美食高手，若倒了先生胃口可罪莫大焉。记得有一次杭州市领导在味庄宴请查先生夫妇，我也陪伴在侧。只见大厨师端上来的一道道菜品可谓精美绝伦，厨师介绍说这是从杭州传统菜式上创新而来的杭帮菜，先生一开始还笑眯眯的，突然很认真地说，杭帮菜很有特色，但什么都创新不一定就好！结果让市领导不知如何是好。查先生就是这样一个率真可爱的人。不知先生是否还记得另外一件事，至今萦绕在我心，难以淡忘。记得是在雷迪森酒店里，有人送了一个书稿让您审阅，开始您还是静静地在审看，也不时给对方指出书稿的值得肯定之处。但看着看着，您突然站了起来，面色突然变得特别凝重，进而完全是愤怒的声音，指责对方沽名钓誉，强人所难，这是强盗哲学。您当时就是一个爱憎分明的大侠，拍案而起，眼里容不得一粒沙子。当时真把我们吓坏了，这也是我第一次看到您发火的模样。您做事的价值取向，是留给我们的巨大财富。

记得你们夫妇走进我的小家是在2004年4月10日的上午，时任浙大人文学院常

2018 年 11 月作者在香港金庸文化馆缅怀先生

2018.11.11 星期日 首席编辑:孙雯/版面设计:姬臣 电话:96068 13

钱江晚报|全民阅读·晚潮

缘分竟如此奇妙

——致查先生的信

何春晖

浙江大学传媒与国际文化学院副教授,策略传播系主任

亲爱的查先生:

您真的走了吗? 小妹至今仍不愿相信。您多少次的被"去世"让我害怕,但每每否极泰来,本希望这一次仍是喜欢惹事的媒体作的梗,但铺天盖地的信息告诉我:"先生含笑,已然远去","金庸之后,再无江湖","他带着武侠梦睡着了","若无先生,不知是否还会有阿里","笑傲江湖成绝响,人间再无侠客行"……

我顿时悲从中来,第一时间给查太发了微信。

据说先生是在家人的陪伴下,带着微笑安详去了另一个世界,且没有留下任何遗嘱。的确,您已无需任何"遗嘱",您留给这个世界已然太丰富了——您不仅是闻名世界的武侠小说大家,更是中华文化的集大成者,还是卓有谋略的政治家。

作为您的小友,我更想说先生是侠骨柔情的谦谦君子,温润如玉的慈爱长辈,爱憎分明的大师兄。记得您曾在赠我的题字上就呼我为"春晖小友"或"春晖小妹"。小友真是受宠若惊,无比珍爱这份忘年之谊。

自您1999年成为浙大人文学院院长开始,小妹便有幸成为了您的第一任院办主任。8年里,作为助手,深感自己才疏学浅,实在难以匹配您盖世的才华和博大的胸襟。您总是让我们如沐春风,温暖无比,像学长如慈父更是兄长。老师们总是很享受您的称兄道弟,学生们对您这个大师兄更是狂热地爱。我不知道这是从哪儿修来的缘分? 生命里居然有如此之多的时光受您的教诲,沐浴您的恩泽。

查先生您可记得咱们的最后一次见面?

那是2014年的7月13日,我们一家三口专程去香港探望先生,此情此景分明就在眼前。我们一进您家门,查太太就冲着楼上喊"春晖来了"。一会儿,您在助手的搀扶下出现在我们眼前。尽管行动不便,但面色红润的您,用那润润的乡音向我们招呼:"薛先生好! 春晖好!"。您还是一如既往地温文尔雅,彬彬有礼。记得告别时您非要起身相送到门口,其时您已经需要两人帮忙才能挪到门口,感动得我们不知所措。

当时您的身体已大不如从前,记性也有所下降,但我们一聊到浙大故友时,您总是露出无限的快意。记得当时查太递给您纸笔请您写我的名字,您很认真地一笔一划写下来,查太很欣慰地说,"先生记得你呢!"当时的我既感动又不免生出一丝无名的悲凉,感动的是小友还能留在您的记忆里,悲凉的是,上天为什么在您的晚年要收走您的一些记忆呢。难道上天也会妒忌吗? 妒忌您的绝顶聪明? 妒忌您的博大精深? 妒忌您的侠行天下? 今天想来,原来您早已参透人生,"来人间大闹一场,再悄然离去"。

记得2004年4月,先生与查太太又一次来到杭州。从机场到雷迪森酒店时已过了晚饭时辰,大家建议两位再吃点东西,查太太毫不犹豫点了碗片儿川。一品锅的片儿川,查先生吃了一小碗,查太太连吃三小碗。您就取笑查太说,大家闺秀,狼吞虎咽好意思吗? 大家哈哈大笑。我就顺便说,片儿川杭州人都会做的,何时请两位尝尝我的手艺。查太马上说,好啊,去吃春晖做的片儿川。

记得您夫妇走进我的小家是在2004年4月10日的上午,时任浙大人文学院常务院长廖可斌和书记张梦新一起陪同。查太一进家门就直夸我的小家漂亮,儿子好帅。当我把泡好的明前龙井新茶端上时,查先生直说"好茶好茶"。现在看来当初还是怠慢了先生:照片上看到小妹居然用了纸杯泡了龙井茶待贵宾,真是罪过呀。莫非当时先生是鼓励我这个不懂事的"小妹",才连连说"好茶"的?

2004年4月10日查先生夫妇来作者小居品茗叙旧。

2007年11月授聘金庸为浙大人文学院名誉院长。

2014年7月13日,作者一家赴港探望金庸先生。

为了能让查先生夫妇品尝地道的杭州片儿川,小妹也是做足了功课的。其间张梦新老师更是暗中相助,请伊家鲜的老板专门送来了上好的食材和高汤,好让我的"牛"不至于吹破。杭州伊家鲜的杭帮菜深得先生喜爱。一次学院请客,查先生开心之际,便信口题诗:"世上处处有鲜味,伊家鲜味大不同,醉倒洪七公,拜倒小黄蓉,题字有金庸",满桌拍案叫绝。因为伊家鲜的暗中鼎力,当我把大碗的片儿川端上桌,果然满屋飘香。查太更是赞不绝口! 片儿川是查太的真爱,难怪我一提议您就应允了。

这是先生在浙大为院长的八年里,在杭州赴的唯一一次家宴,是我这"小友"莫大的荣幸。记得那日,咱们喝的是茅台。您与太太喝酒都特别性情,一饮而尽。查太的酒量也是极好的,每次喝酒均比先生喝得多而爽。您会笑眯眯地对太太说,少喝点噢,满脸的慈祥和关爱。大家互相敬酒其乐融融,真可谓酒逢知己千杯少。席间,我们从家装谈到美食,从高科技谈到旅游,就像是多年老友,开心至极,那张在我家小小的餐桌前您开怀大笑的照片便是明证。在我写《乡踪侠影——金庸的30个人生片断》收集整理您的照片时,发现这是所有照片中先生笑得最天真最灿烂的一张,这是我家最美的照片和最美的故事。

这场家宴也让您与我家先生结下了不薄的缘分。以我家先生理工科的背景,起初我还真担心您俩会生分。没有想到先生您不仅天文地理无所不知,居然对自动化领域的高科技也是娓娓道来,登月火箭、机器人等等均谈得兴致盎然。于是也就有了您两度走进杭州电子科技大学演讲,给杭电学子带去了"金大侠旋风"。

您走进杭电的时光还真是盛况空前。

记得当时有学生问您最钦佩的男人和女人是谁? 您说"我希望杭电的男生都像邓小平一样充满智慧,女生都像居里夫人一样敢于探索"。我家先生让我捎话给您,说是因为我,他的大学享受到了您带给他的最高的福利,当时作为杭州电子科技大学校长的他在浙江的高校里还真是扬眉吐气了一把。因为他把您请进了一所纯工科的学校,让他也有了"薛校长很有人文情怀"的美誉。

记得当天谈到登高望远时,我先生问您,查先生写遍了名山大川,可去过灵秀的黄山? 您说好想去一次啊! 就是山太险喽! 我先生就说,到下半年秋天我们大家陪您登黄山去,山再高也要抬您上去哦。您的双眼分明露出了无限的向往和兴奋,直呼"好好好,上黄山"。只见此时的查太直向我先生做鬼脸使眼色,并且用手势示意大家打住。因为查太害怕您年岁已高不能远游,怕先生一旦决定不可更改。事后还悄悄地对我说,以后千万不要再提黄山哦。

亲爱的查先生,您去了另外一个世界还好吗? 我们真的好想您! 江湖之上,侠行天下,您的情您的爱您的侠已然融入了我们的血液,这必将成为华人世界最为宝贵的精神遗产,生生不息,恒久弥香。总有一天我们还会相聚,届时把酒言欢,相约一起再登黄山,光明顶上再聆听您的教诲,莫不快哉。

您的春晖小友泣书

2018年11月1日

本文有删减,全文请移步浙江24小时APP阅读。

作者的悼念文章2018年11月11日发表在《钱江晚报》

务院长廖可斌和书记张梦新一起陪同。查太太一进家门就直夸我的小家漂亮，儿子好帅。当我把泡好的明前龙井新茶端上时，查先生直说“好茶好茶”。查先生夫妇可是品茗高手，我本不敢造次的，但现在看来当初还是怠慢了先生。回看照片，小妹居然用纸杯泡了上好的龙井茶待贵宾，真是罪过呀。莫非当时先生是鼓励我这个不懂事的“小妹”，才连连说好茶的？

为了能让查先生夫妇品尝地道的杭州片儿川，小妹也是铆足了劲，做足了功课的。其间张梦新老师更是暗中相助，请伊家鲜老板专门送来了上好的食材和高汤，好让我的“牛”不至于吹破。杭州伊家鲜的杭帮菜深得先生喜爱。一次学院请客，查先生开心之际，便信口题诗“世上处处有鲜味，伊家鲜味大不同，醉倒洪七公，拜倒小黄蓉，题字有金庸”，满桌拍案叫绝。因为伊家鲜的暗中助力，当我把大碗的片儿川端上桌，果然满屋飘香。查太太更是赞不绝口呢，片儿川是查太太的真爱，难怪我一提议，查先生就应允了。据我所知，先生在浙大为院长的八年里，在杭州应该是唯一一次赴家宴的，我这“小友”真是莫大的荣幸呢。记得那日，咱们喝的是茅台。查先生夫妇喝酒都特别的性情，一饮而尽。查太太的酒量也是极好的，每次喝酒均比先生喝得多而爽。查先生会笑眯眯地对太太说，少喝点噢，满脸的慈祥和关爱。大家互相敬酒其乐融融，不亦乐乎，真可谓酒逢知己千杯少。大家从家装谈到美食，从高科技谈到旅游，就像是多年老友，无话不谈，开心至极，那张在我家小小的餐桌前您开怀大笑的照片便是明证。在我写《乡踪侠影——金庸的30个人生片断》收集整理您的照片时，我发现这是所有照片中先生笑得最天真最灿烂的一张，至今是我家最美的照片和最美的故事。

不承想，这场家宴让您与我家先生也结下了不薄的缘分。以我家先生理工科的背景，起初我还真担心你俩会生分。没有想到先生您不仅天文地理无所不知，居然对自动化领域的高科技也是娓娓道来，登月火箭、机器人等均谈得兴致盎然，你俩居然有颇多共同语言呢。于是也就有了您两度走进杭州电子科技大学演讲，给杭电学子带去了“金大侠旋风”。您走进杭电时还真是盛况空前。记得当时有学生问您最钦佩的男人和女人是谁，您说“我希望杭电的男生都像邓小平那样充满智慧，女生都像居里夫人那样敢于探索”。我家先生让我捎话给您，说是因为我，他的大学享受到了您带给他的最大的福利，当时作为杭州电子科技大学校长的他在浙江的高校里还真是扬眉吐气了一把。因为他把中国最有文化的您请进了一所纯工科的学校，让他也有了“薛校长很有人文情怀”的美誉。的确，因为您在浙大的八年，除了每年给浙大的学生举行讲座外，其他高校还真是没有享受到这个福分。当然这也是小妹我近水楼台，公权私用了。

记得当天谈到登高望远时，我先生问您，查先生写遍了名山大川，可去过灵秀的黄山？您说好想去一次啊，就是山太险喽！我先生就说，到下半年秋天我们大家陪您登黄山去，山再高也要抬您上去哦。您的双眼分明露出了无限的向往和兴奋，直呼“好好好，上黄山”。只见此时的查太太直向我先生做鬼脸使眼色，并且用手势示意大家打住。因为查太太害怕您年岁已高不能远游，怕先生一旦决定不可更改。事后还悄悄地对我说，以后千万不要再提黄山哦。这足见查太太对查先生的关爱是如此的贴心细致。

八年里，先生您来杭州浙大的次数应该不下20次之多，与学院的师生们结下了深厚的友谊。每次您总是尽可能多挤出时间给学生上课，与老师们座谈交流，每次的交流少不了被大家索要题字、留墨宝的环节。记得有一次，学院为机关工作的每一位老师都准备了一本您的小说，想让先生签名留念。记得是张梦新老师先开口向您提这件事，没想话未完，您就慨然应允。我清楚地记得，那天您为学院老师一口气签了二十多本的题字，查太太在边上都心疼了，怕先生累着。大家也觉得特别不好意思，但拿到院长的题字，人人格外兴奋，这也是您留给大家最好的礼物了，这已成了永恒的纪念。

您的睿智、敏捷、才情总是让大家佩服得五体投地。记得有一年中秋节，学院请查先生到西湖国宾馆赏月品酒。有老师提议以月亮为题接龙，但必须是诗词，第一轮下来还好，大家都能对出几句，毕竟是人文学科的大教授，但酒过三巡很多教授已经词穷了，但先生依然故我，对答如流，天上地下，不可同日而语。您总是出口成章，妙笔生花。您记得吗？您给学院许多老师的孩子都有过精妙的题词墨宝，或勉励或祝福，应有尽有，不仅寓意美好，更是把孩子们的名字全部隐在其中，妙趣横生。比如为廖可斌老师的儿子廖雄题的是“努力求学成雄才”；为张梦新老师的儿子张进题的是“上进上进，上天高飞”，因为张进是在民航工作的；为徐岱老师儿子徐可题的是“小时了了，徐徐而可”；为黄华新老师的儿子黄之晧题的是“行若黄金，心如晧月”；为犬子薛轶天题的是“立志当无限，轶天超宇宙”。您对孩子们的拳拳之心溢于言表。现在请您放心，受您恩泽滋养的孩子们个个有出息，他们奋斗在世界各地，或游学或创业，个个立志无限，上进高飞呢。

亲爱的查先生，您在另外一个世界还好吗？我们真的好想您！江湖之上，侠行天下，您的情，您的爱，您的侠已然融入了我们的血液，这必将成为华人世界最为宝贵的精神遗产，生生不息，恒久弥香。总有一天我们还会相聚，届时把酒言欢，相约一起再登黄山，光明顶上再聆听您的教诲，莫不快哉！

您的春晖小友泣书

2018年11月1日

致查先生的信之二

亲爱的查先生：

今年是先生诞辰一百周年。您离开我们居然已经有 5 年又 4 个月了，然我的思念却随着时间的推移更绵长了。2018 年 11 月 12 日，我和先生受邀参加了您的追悼会，那天香港殡仪馆门口乌压压的全是来与您告别的人，悼念的花圈一直从灵堂延伸到整条街的两侧。送花圈的既有党和国家领导人、挚爱亲朋，也有很多金迷。灵堂正中悬挂着您笑对人生的巨幅照片，两侧是您著名的“飞雪连天射白鹿，笑书神侠倚碧鸳”对联，横批是您的好友蔡澜题写的“一览众生”。在哀乐声中，我们走近您，与您告别，我分明看到了您在天堂里笑傲江湖的模样。“看破放下自在”是您留给每一位参加追悼会的来宾最好的礼物，这份银灰色手册我一直珍藏至今，在我的生命遭遇困厄时，这六字箴言给了我无穷的力量。要真正读懂您的作品不易，要读懂您更是不易，唯有永远的缅怀，才会有不竭的力量。读您千遍不厌倦，这也是我最好的怀念。

我坚信，您在天堂肯定收到我的思念了。正如先生所言“他日江湖相逢，再当杯酒言欢，咱们就此别过”。

您的春晖小友

2024 年 2 月 14 日

追悼会现场

后记 1　金庸印象

庞学铨

2013 年，我随同浙江大学的一位老领导去香港，参加中文大学五十周年校庆，之后去看望了已届 90 高龄的金庸先生。一日中午，与先生共进午餐。先生身体尚硬朗，言语表达已较显迟缓，执笔签名亦不如以前顺畅流利。

我第一次读先生的小说，是 20 世纪 80 年代中期，一次偶然的机会，在一位历史系老师的家里看到书桌上摆着几本先生写的小说。那个时候，内地还很少见到先生的武侠小说，借得回家，如获至宝，吃过晚饭便迫不及待地阅读，为书中的人物命运、故事情节所陶醉，不知不觉见窗外朦胧的亮光透了进来，方知已是天亮。1999 年，四校合并后的新浙江大学聘请先生来人文学院任职，才有机会与他见面相识。

初时相识，对先生实在说不上有多少的了解。记得在他初到人文学院就职的一次仪式上，我作为主持人介绍时，脱口便说先生“是一位闻名华人世界的武侠小说家”。当时在场的这位老领导在随后的讲话中特意强调，先生不仅是一位著名的小说家，也是一位知名的文学家、社会活动家和卓有成就的报人，立时使我内心为在这样的场合对先生了解很少而未慎言而深感愧疚。随着时间的推移，对先生的认识和了解也便渐渐多了一些深了一些。

先生的成就，最为人所熟知的，自然是他的 15 部小说，其中不少作品被翻译成英文、泰文、越南文、法文、马来文、日文、韩文等在海外流传。全部小说除了以各种版本广为流传外，自从香港峨嵋影片公司于 1958 年第一次将《射雕英雄传》搬上银幕以来，改编的电影、电视剧版本之多、延续时间之长，为文学史上所罕见，相关影视的主题曲亦成为人们传唱不衰的经典；更有广播剧、舞台剧、漫画、动画、网络游戏等各种形式，使小说的人物、故事、情节和各种功夫深入全球华人社会。研究金庸小说的论著同样汗牛充栋、数不胜数。只是很多影视剧目和研究评论，专注和着力于小说的爱情故事、跌宕情节、武打功夫和人物气概，甚至人民教育出版社2006年首次选入王度庐的《卧虎藏龙》和金庸的《天龙八部》两篇小说作为高中课本内容，也是着眼于此，将两篇小说作为一个单元，取名为“神奇武侠”，而从《天龙八部》第四十一回“燕云十八飞骑，奔腾如虎风烟举”中节选的内容，着意展示的也是萧峰到少林寺救阿紫，在山上力斗丁春秋、慕容复、游坦之三大高手之时表现出来的绝世武功和英雄气概；更有人将小说中涉及的各类武功做了细致的搜索整理，归纳为100种剑法，33种刀法，21种掌法，12种指法，11种内功，9种轻功，4种爪法，1种棒法，还有13种其他武功。这一切，让人激起对金庸的生花妙笔与丰富想象力的由衷赞佩，也因为对金庸小说在当代小说史上的贡献和意义所作的狭窄理解而留下遗憾。

先生的小说形式独特、故事曲折、人物鲜活、语言细腻，想象力极其丰富。然而，小说颂英雄、扬美善，鞭丑恶，直入人性，其成就绝非仅武侠小说范畴所能容纳，诚如严家炎教授指出的：金庸小说不是一般的娱乐，而是“有思想的娱乐”，与传统武侠小说相比，具有真正的现代精神，是用精英文化对通俗小说的成功改造，具有丰厚文化内涵和很高文化品位；相比长于精神分析的古龙，有丰厚文学气息和古诗词运用功力的梁羽生，金庸的成就是全面的，是一个全能冠军；金庸小说的出现是一场静悄悄地进行着的文学革命。

我自然也对金庸先生的小说爱不释手，对以之为题材的电影、电视剧百看不厌。随着了解的增多，更对他的独立品格和谦虚精神无限钦佩。

1940年上半年，先生正读高一年级，因为了写了一篇讽刺学校训导主任的寓言故事《阿丽丝漫游记》，被学校以“亵渎师长，败坏学风”之名而勒令退学。这篇文章显露了金庸的文学才华，也展示了他敢于反抗强权，追求真理与正义的勇气与精神。1944 年，考入重庆中央政治学校外交系，因对国民党职业学生不满进行投诉又被革出校门。这种独立的品格在他的事业如日中天、功成名就时，依然保持并大放异彩。他创办的《明报》在 20 世纪六七十年代以反对“文化大革命”而著称，他执笔写的《明报》社论，为邓小平被打倒而鸣不平，强烈抨击“文化大革命”中的种种悖逆和胡作非为，不断地赞扬和支持彭德怀、邓小平等人，赞扬周恩来大力提倡的“四个现代化”建设蓝图，因此被香港的极左派攻击为“反共分子”“崇美亲英”，并被列入暗杀名单。1976 年春天，在所谓“反击右倾翻案风”中，邓小平第三次被打倒。金庸在社论中不仅坚定地支持邓小平，而且预言邓小平不久就会东山再起。一年后此预测得到验证。事后在一次回答记者关于如何做出这一预测的问题时，他淡然地说：“我的想法就是实际上代表多数中国人民的愿望，既然是众望，大概事情就可以做到。”“文化大革命”中，邓小平面对“四人帮”对他的围攻，不动声色，不予理睬，使他们一次次气急败坏、无可奈何，这让金庸感叹不已，说：“邓小平如此刚强不屈，又有着如此丰富的斗争经验和驾驭能力，真令人敬佩！”邓小平第三次复出后，主张改革开放、以经济建设为中心，先生又表示衷心拥护，在《明报》上热烈支持改革开放政策，认为“邓小平有魄力，有远见，在中国推行改革开放路线，推翻了以前不合理的制度，令人佩服。真正的英雄，并不取决于他打下多少江山，而要看他能不能为百姓带来幸福”。先生发自内心地佩服邓小平的风骨，赞扬邓小平那种刚强不屈的性格，真像他武侠小说中描写的英雄人物，并感慨地说，几十年了，我最想见的就是邓小平。先生又何尝不像他小说描写的英雄人物！也因此，他在任何情况下对任何事情，便有着自己独立的评判标准，能作出准确的判断，执着地追求心中的真理，不畏强权甚至生命的威胁。

先生的谦虚精神也让我印象深刻，钦佩不已。

先生出身书香门第。1939 年，时仅 15 岁的他便与同学一起编写了一本指导小学生升初中的参考书《献给投考初中者》，且畅销内地。因战争而提前高中毕业后，先后在《东南日报》《大公报》做记者、编辑。战后《大公报》香港版复刊，金庸随着南下香港，在做记者、编辑的同时，撰写了许多文艺小品和影评，并开始武侠小说的创作，还曾在电影公司做过专职编剧，稍后又创办了《明报》，任主编兼社长 35 年，期间又同时创办《明报月刊》《明报周刊》、新加坡《新明日报》和马来西亚《新明日报》。先生所写的武侠小说，开了一代新风，风靡华人世界；先生创办的《明报》，分析时局鞭辟入里，褒善抨恶观点鲜明，成为香港最有影响的报纸之一。香港回归阶段，先生又受命担任香港基本法起草委员会委员，并任“政治体制”小组港方负责人，为香港回归祖国作出重要贡献。真是做一行成一行，做一事，成一事。先生之才情，可谓惊为天人。

先生作为华人极为知名的武侠小说作家、著名评论家和社会活动家，受到全世界华人的喜爱和敬佩，得到政府和各种社会机构的赞誉和褒奖，海内外许多大学授予他荣誉学位，聘请他担任名誉教职，其他各种荣誉称号更是不计其数。然而，先生对自己的非凡成就，从来谦逊淡然，泰然处之，无论在什么场合，我们见到的，总是一位和蔼的长者，一位谦谦君子；对晚辈后生，也总是大度宽容、彬彬有礼。到了晚年，先生仍孜孜不倦，坚持自己一生对学问的向往与追求，于 86 岁高龄顺利完成“唐代盛世继承皇位制度”的博士论文答辩，获得曾早已授予他荣誉院士称号的剑桥大学的哲学博士学位。

先生的才情与品格，让我生出发自内心的羡慕与敬意。

（作者系原浙江大学党委副书记）

后记 2 关于大师兄

徐岱

为什么往事，总在那儿强烈地呼唤着，让人把它们写出来呢？在《写作的事》一书中，作家史铁生如此说道。我已不再有史铁生的这种使命感，没有他所说的那种“往事的呼唤”。但也有些“往事的嘀咕”，觉得有必要写出来。因为这属于“近距离看金庸”，涉及到我与金庸先生长达 20 多年的交往。

大概是 1993 年春学期，刚开学不久的一个上午，接到学校的一个电话，著名小说家金庸先生受时任浙江大学校长的路甬祥教授之邀来校访问，要我下午一起参加会见并陪同金庸夫妇参观学校。金庸是何方神仙？谁是金庸？作为浙江大学中文系主任并担任中国现当代文学研究生导师的我，一头雾水。向系里的有关教师询问，让他们也颇觉奇怪。怎么会，你居然不知道金庸？没读过他的大作？立即虚心请教四方打听，终于有了点头绪。知道了金庸乃查良镛，香港著名报人，也是当代最负盛名的新武侠小说家。于是赶紧让人帮我找他的小说，但要想在个把小时内知道个究竟已不可能，只能装模作样地赶去应付。

这就是我与金庸先生及夫人林乐怡女士的初次见面。结果虽然不算糟，但当时的过程却让我很尴尬。好在金庸先生并不在意，大概他已看出我对其作品的无知。我们东拉西扯地谈了些什么，迄今早已忘得一干二净，但有个印象始终清晰，那就是金庸先生身上具有的大家风范、宗师气度。这不是说金庸先生与众不同，恰恰相反，而是他比一般那些刻意显得和蔼的名人，有一种真正的平易随和，还多了份特别属于他的东西：对人坦诚亲切。而查夫人身上，有种优雅高贵的气质和善良的天性。在我读完了“飞雪连天射白鹿，笑书神侠倚碧鸳”之后，不知什么缘故，这种气质总让我联想到小说中那些光彩照人的女侠们。当然，查夫人比她们多了现代感。自那以后，我与金庸先生渐渐熟悉起来。直到今天，不知不觉已有 20 个年头以上。既是因为金庸先生喜欢杭州（所以他安排了其心爱的角色令狐冲夫妇俩在西子湖畔安居），也是因为他对浙江大学颇有兴趣。而后者，应该多少同我和我的同事们有点关系。与金庸先生的每次相聚，都充满欢声笑语。

记得几年后，浙江大学百年校庆，特意邀请作为浙大名誉教授的金庸先生和夫人来校同乐。我们与先生一起在西湖边与众多朋友相聚，当大家尊称他“查先生”时，金庸先生笑嘻嘻地表示：既是好朋友聚会，就不必这样称呼，应该以师兄弟、师姐妹相待。他年纪最大，那么我们就叫他“大师兄”，他叫我们小师弟或小师妹。恭敬不如从命，那就一言为定。而我之所以曾经“不识泰山”，是因为小时候曾被旧武侠小说害过。我们这代人，以前有过一个标准说法，叫做“生在新中国，长在红旗下”。对“忠义”“英雄”这类大词，和“革命”“斗争”等大事最为关心。又生逢“史无前例”的“文化大革命”时期，最早就是从《水浒传》《七侠五义》《江湖奇侠传》等众多旧武侠小说中学会阅读。除了“江姐”“红色娘子军”和“董存瑞”“雷锋”等模范人物，那些水泊好汉和绿林豪杰，同样是渴望成为男子汉的少年们的英雄楷模。于是，为了尽早练出真功夫好报效国家投身共产主义伟大理想，整天学着爬树翻墙上蹿下跳。终于有一天，当我鼓足勇气从一堵高墙上尝试像江湖好汉那样轻轻落下时，结果是很不幸地重重摔倒。在把脚给弄崴了的那瞬间，我的武侠梦也悄然离去。在伤筋动骨一百天的静养期间，我决定从此同那些唬人的东西说拜拜。

从我如愿以偿地就读大学中文系到成为文学教授，我所积攒最多的阅读体验大都来自大洋彼岸，以欧美 19 世纪文学名著为代表的诸多优秀小说，构成了我的“文学经典”记忆。它们让我越来越远离中国武侠叙事乃至中国古典小说，直到读了金庸先生的作品，可以用“目瞪口呆，大开眼界”来形容。正所谓读得既酣畅淋漓、热血澎湃，又忍俊不禁、心旷神怡。在“通宵达旦读金庸”的日子里，我渐渐明白了一些事。就像江湖上本无所谓“正派邪教”的名分之份，只有真与善之别；文学领域的雅俗之异毫无意义，真正重要的是好坏之差、大小之别。作为一份工作的“文学研究”的实质，在于本着一种“修辞立其诚”的态度，努力把这种差别说清楚。我深信，金庸先生为当代中国小说作出了伟大的贡献。为此，每个中国人尤其是文学研究界的从业者，都应该对他心怀感激，表示由衷的敬意。在这个意义上，我愿意加入到“拜金者”俱乐部，重复倪匡先生当年对金庸小说的这句评语：古今中外空前绝后。

正是以这样的意识，我渐渐进入金庸研究，分别参加了美国科罗拉多大学和日本神奈川大学的相关会议，以及在北京大学和浙江的杭州、嘉兴、海宁等地相继举办的金庸作品研讨会。由于工作关系，这些年来我同金庸先生接触颇多，彼此间也由熟悉而亲近。我们曾应先生之请，陪同他去太湖边探访“笑傲江湖”，去朱家尖海滩领略“神雕侠侣”，去少林寺感受中国寺庙文化，去没有桃花的桃花岛体验因金庸小说而成旅游景点的一片风光。我们还一起去了北京、天津、广州、苏州等地的大学进行交流。当然，我们的相处中有许多时间交给了学生们。每次来校，金庸先生最愿意做的就是同在校的大学生和研究生们座谈。无论日程多紧、旅途多累，他都会尽量安排时间与小师弟小师妹们见面交流。大师兄儒雅亲切的姿态和幽默风趣的言谈让他们深受感染，同学们的青春活力和热烈感情，也给出入江湖多年、走遍世界各地的一代文学宗师留下美好印象。

几年前，围绕金庸先生在浙江大学以及内地的一些活动，有些华语媒体曾大做文章。“金庸先生作为一个人是优秀的，作为一名学者是杰出的，作为一位文学家是伟大的。”这是我当时接受一些媒体记者采访时所说的话，也是我对金庸及金庸小说的基本看法。近距离看金庸，我见到的是一位充满智慧的善良长者，一个性情率真的可亲可敬的好人。这样的人在这个世道无疑已并不多见，其品种稀少值得珍惜堪比大熊猫。但熊猫已受保护，而大侠却屡遭白眼。尽管我也曾读到不少为金庸先生的遭遇鸣不平的好文章，但相比之下，不负责任的起哄与憎恨批评似乎来势更猛。眼下的世界，躬逢歌舞升平的新威权社会，别开生面的做秀与形形色色的装傻充斥着大小舞台。欲望的膨胀与精神的萎缩形成的反差日益明显。

史铁生说：浪漫永不过时。但愿如此，相信许多人都仍怀有期待，诸如诚信和良知这些人类美德，不至于随着英雄的沉沦和大侠的退隐而就此销声匿迹。未来无法确定，但往事已经定格。时间匆匆，固然带走了许多，但也让有些东西沉淀了下来。比如我们曾与大师兄一起湖上泛舟和岭上赏梅、郭庄尝藕和龙井品茗，以及周庄寻旧和海宁观潮。这些历历在目的记忆，伴随着金庸小说给我的感动不会轻易离去。由衷祝愿金庸先生和夫人以及天下所有的好人们，平安幸福。

2014 年 8 月 15 日杭州求是村

（作者系浙江大学文科资深教授，人文学部主任）

后记 3 追陪杂忆

廖可斌

我年过半百，渐入老境，深感人生就是一个过程，其意义不在于获得了什么，而在于经历了什么。因为不管你获得了多少，最终都将失去，而经历已沉淀为人生的历史，就是人生本身。所谓经历，包括各方面的内容，如阅读过哪些名著佳作，游览过哪些名山大川，见证过哪些重要的历史场景等等。还有一个很重要的方面，就是见识过哪些非凡的人物。李白《上荆州长史韩朝宗书》说："生不用万户侯，但愿一识韩荆州。"诗人的话说得有点夸张，但他想领略当代杰出人物风采的心愿，确实是真诚的。

1998 年 9 月 15 日，浙江大学、杭州大学、浙江农业大学、浙江医科大学四校合并，成立新的浙江大学。1999 年上半年，学校领导张浚生、潘云鹤等聘请金庸先生出任浙江大学人文学院院长。当年 7 月正式组建各个学院，我被任命为人文学院常务副院长。当时浙江大学 20 多个学院大多都采用这样一种模式，即聘请著名专家学者担任院长，另外任命一位本校教师担任常务副院长，辅助院长负责学院日常工作。2007 年，学校聘请金庸先生为人文学院名誉院长，院长一职空缺。我继续担任常务副院长，直到 2008 年年底卸任。回首平生，能追陪金庸先生数年，亲闻教诲，是我此生最难忘的经历之一。

其实我有缘见到金庸先生，比这要早。好像是 1996 年吧，金庸先生决定将他出资建造的云松书舍捐献给浙江省和杭州市，有关方面撰写了一篇《云松书舍碑铭》，记叙建造及捐献经过，送呈金庸先生审定，据说金庸先生未置可否。有关领导找到杭州大学党委书记郑造桓先生，请他找一位文史学科的教师修改一下，郑造桓书记找到我，我对原稿作了比较大的修改，再送呈金庸先生，得到认可。因此，在不久后金庸先生来杭州出席书舍捐赠仪式时，郑造桓书记让我参加了招待晚宴，并向金庸先生介绍了我。

至于读到金庸先生的武侠小说，则比这更早。大约从上 20 世纪 80 年代初开始，金庸先生的武侠小说风靡内地。我算是比较晚读到金庸先生小说的。应该是在 80 年代后期，我在杭州大学中文系读博士，有一天借来金庸先生的武侠小说，与同宿舍的蒋冀骋君（现为湖南师范大学党委副书记，著名古汉语研究专家）轮流阅读。现在还清楚地记得，我们俩都不说话，只听得闹钟敲到凌晨一点、两点，又敲到三点、四点，直到天亮。此生真正通宵阅读的经历很少，真正通宵阅读而又毫无睡意和倦意的，好像就这么一次。

及至与金庸先生近距离接触，对他的经历、成就、思想和个性自然有了更多的了解，我深深地感叹，金庸先生确实堪称一代俊杰。他早年赤手闯香江，仅凭一支笔，成就了难以企及的人生辉煌。开始他编写舞台剧和电影剧本，导演电影，即已蜚声文艺界。接着白手起家，创办《明报》和《明报月刊》等，历经艰辛，终使之成为香港以至东南亚华人世界最有影响力的报刊。几乎同时他开始写作武侠小说，将这一中国传统文体与西方文学元素相结合，在通俗的历史故事中寄寓深邃的现代思想，成为新武侠小说的一代宗师，影响全球华人世界。据统计，他的小说可能是整个世界上有史以来除《圣经》以外印数最多的作品。在主办《明报》的过程中，他撰写了数百万字的时政和社会评论，对中国以至全世界的各种事件和问题发表看法，其犀利的洞察力和超前的预见力令当时人及后来人敬服不已，可与他的武侠小说媲美。晚年他积极参与香港回归祖国的社会活动，是香港基本法起草委员会政治体制小组的负责人，作为该文件政治体制部分基础的“两查方案”的执笔人，还撰写了大量文章，向香港各界介绍基本法，阐述香港回归祖国的现实意义和历史意义，为香港回归祖国做出了重大贡献。套用一位伟人评价另一位伟人的话来说，一个人的一生，只要取得了上述几个方面中任何一个方面的成就，他就可以不朽，何况金庸先生一生同时取得了这几个方面的成就。

顺便说一下，浙江大学聘请金庸先生担任人文学院院长，后来又聘任金庸先生为历史学科和文学学科的博士生导师，校内和社会上有些人援引国外大学的规则，对金庸先生的资格提出质疑。殊不知国外大学确实对教授、院长的资历有严格要求，但这些规则是针对一般学者专家的。它们同时也实行“旋转门”制度，即对那些在某些方面取得突出成就的人物，可以不受一般规则的限制，聘请他们为教授和院长、校长等，这些人物既有某些学科的理论修养，又有丰富的实践经验，他们对学术研究和培养学生的特殊作用，是一般学者专家无法代替的。以金庸先生在文学、新闻学、政治学等方面的深厚造诣和杰出成就，他完全适用这样的制度。以所谓国外大学的规则来质疑金庸先生担任教授和院长的资格，可谓只知其一不知其二。

金庸先生担任浙江大学人文学院院长后，以他的巨大声望和深厚学养，为学院的建设和发展发挥了重要作用。这里仅举数例。原浙江大学是一所国内知名的大学，但主要以工科见长。原杭州大学在人文学科方面有深厚积累，但限于体制，一直是一所省属大学。新浙江大学成立后，国内教育界和学术界对她的人文学科了解和重视都不够。为了打开局面，我们以潘云鹤校长和金庸院长的名义，邀请国内人文学科的知名学者，召开了“浙江大学人文学科发展高级专家咨询会议”。

出于对新浙江大学的关心，也出于对潘云鹤校长和金庸先生的尊重，许多专家都拨冗出席。当时国务院学位委员会中文、哲学、历史、新闻传播、艺术、社会学、国际政治等学科的学科评议组成员总共 40 多人，有近 30 人出席了这次会议，为新浙江大学人文学科的发展提出了很多高屋建瓴的指导意见，各个学科也与国内著名学者和机构建立了联系，为以后的发展创造了有利条件。没有金庸先生出面，这件事很可能难以办成，至少不可能办得那样圆满。

跨入 21 世纪，以信息技术为代表的新技术突飞猛进，知识经济迅速崛起，如何看待新技术和新的经济形态对社会发展的影响，中国传统文化在新的历史条件下将具有怎样的地位，可能发挥怎样的作用，成为人们迫切关心的问题。2001 年上半年，浙江大学以人文学院院长金庸先生和经济学院名誉院长查济民先生的名义，联合举办了“新经济条件下的社会环境与中华文化学术研讨会”，邀请海内外近百位著名人文学者和经济学者共同探讨这一话题，并出版了由金庸先生主编的论文集，产生了较大影响，对这一领域的学术研究起到了推动作用。

2001 年美国“9·11”事件发生，举世震惊，一年半以后，美国发动大规模的伊拉克战争。人们都在观察和思考，世界格局将发生重要变化。金庸先生邀请他的朋友、曾任联合国副秘书长的英国牛津大学圣安东尼学院院长来浙江大学讲学，并亲自主持讨论，探讨“9·11”事件和伊拉克战争对世界的影响。该学者对美国的行为进行分析和批评，在校内引起很大反响。

金庸先生还曾为新闻传播学专业的本科生和研究生开设讲座，以他数十年从事新闻传播事业的丰富经历，和对世界新闻传播界情况的深入了解，分析新闻传播人的职业追求与社会责任之间的关系。他指出，欧美的新闻传播被资本操控，也不可能有完全的新闻自由。任何一个新闻传播者都要考虑自己的行为对社会的影响。他的观点让学生们深受启发。

至于金庸先生对提高浙江大学知名度的作用，更是难以估量。金庸先生担任人文学院院长期间，一般每学期来学校 1~2 次，每次停留半个月左右。往往他人还没到杭州，各方面请他前往演讲的邀请就纷至沓来。由于我要处理学院日常事务，大部分情况下都由学院同事陪同外出。仅就我参与陪同时之所见，当时各大学、各地方对金庸先生的仰慕之情让我感受极为强烈。每到一地，闻讯而来的学生和民众成千上万。每次讲座，可容纳数百人或一两千人的会场都挤得水泄不通。演讲结束时，师生们都围着金庸先生，人流滚滚，黑压压的一大片，踩踏草坪，攀援楼梯，令学校领导和保安人员非常紧张，学生们往往高喊向金庸先生问好，敬仰之情发自肺腑，令人动容。

相处日久，金庸先生有时会向我及同事们谈起往事。特别让我敬佩的是，金庸先生怀有深厚的爱国之情。1937 年，日军侵入中国，金庸先生只有十三四岁，正在读初中。他从小家境富裕，身体又较瘦弱，但他不愿在日军铁蹄之下生存，随着流亡的学校，一路跋涉，在还没有被日军占领的浙西南山区辗转流离。后来远赴重庆，考取了中央政治学校外交系。新中国成立后，他一直希望为国家的外交事业服务，从香港回到北京，等待了很长时间，因家庭出身问题未能如愿。在土改中，他的父亲被当地政府和民众所杀，但他深明大义，没有因为社会大动荡时期发生的这种悲剧怨恨新中国，而是一直为祖国的统一和繁荣出力。在一系列重大事件面前，他不计个人的荣辱得失，坚持自己的理想和人格，其精神境界远非一般人所能窥见。

金庸先生生有异禀，但他的学识和成就，也是通过艰苦卓绝的努力取得的。虽然他晚年名满天下，但仍然沉静如水，好学不倦。在杭州期间，有时我们去探望他，他往往都在安安静静地读书。一些学者送给他的非常枯燥的学术著作，他都会认真读完，对其中的细节记得清清楚楚。据他的夫人林乐怡女士讲，他读起书来往往一坐就是大半天，一句话也不说，也不看人，这时决不能打扰他。在主办《明报》期间，他每天都要为报纸写一篇社评，还要写 1~2 段连载的武侠小说，不能间断。往往上午休息，下午阅读各种资料，晚上赶写到三四点钟，直到把文稿通过传真发给报社才作罢，几十年天天如此。因此，他养成了白天休息、晚上通宵工作的生活习惯。晚年退休以后，想改变也改变不过来了。

金庸先生才思敏捷，人所共知，但如亲眼所见，感受就更深刻。有一年深秋的一天，张浚生书记请他去杭州满觉陇赏桂花，当时桂花已过了盛开时节，我们一行人在桂树下赏花品茶，公园的工作人员照例来向金庸先生请求题字，只见金庸先生略不思索，提笔就写："来游满觉陇，欣逢迟桂花。"我当时深为金庸先生的敏捷所震惊，满觉陇正是著名小说家郁达夫当年撰写名篇《迟桂花》的地方，金庸先生的题词，既点出了这一段渊源，又切合眼前景象，可谓神来之笔。另有一次，浙江衢州邀请金庸先生去参观著名的龙游石窟，参观完又被请求题字，金庸先生提笔即书："龙游石窟天下奇，千猜万猜总是谜"。这两句话看似浅显，但把龙游石窟的特点非常准确地揭示出来，而且琅琅上口，易于传播。金庸先生长期撰写报刊文章，面对广大读者，练就了一种将深奥复杂的道理用简洁明白的语言准确表达出来的笔法，让所有故作高深扭捏造作的文风相形见绌。

除了工作上的指点和帮助，金庸先生对我个人的生活也非常关心。我的儿子上初中时，想换到一所比较好的学校。那所学校的校长满口答应，但提出了一个条件，让我向金庸先生为学校求一幅字。我向金庸先生提起此事，金庸先生毫不犹豫，马上书写，我儿子得以顺利转学。2001 年下半年到 2002 年上半年，我先后收到美国两所大学访学和参加学术会议的邀请，因当时刚发生“9•11”事件，美国领事馆对签证卡得很紧。我妻子当时正好在美国访学一年，美国领事馆又担心我去了美国滞留不归。加上我自己漫不经心，去签证前没有准备好有关材料，因此连续三次被拒签。2002 年夏天，我收到哈佛燕京学社的访学邀请，我想这次如果仍然被拒签，大概以后也不可能去美国看看了。我和金庸先生谈起此事，他马上提出要为我向美国领事馆写信。他的信没有如我们通常所想到的那样，介绍我有什么长处，或保证我一定会回国之类。他只说了这么两条，第一，我在中国做什么工作，一年的收入有多少，假如滞留美国，不可能找到更好的工作，不可能有更多的收入，因此我不可能留在美国；第二，他愿意在美国领事馆指定的银行存款十万美元，如我到期滞留不归，美国领事馆可没收这笔钱。我看了金庸先生的信，深为他的深情厚谊所感动，同时也为他的洞达世情所折服。

金庸先生曾告诉我，他出生在 1923 年和 1924 年之交，论农历是 1923 年底，论阳历是 1924 年初，算来他老人家已逾 90 高龄了。我常常关注媒体上关于他的信息，深为他老人家安度晚年感到喜慰，同时也为自己 2009 年来北京工作后，几年来都没能前往看望先生感到惭愧。此时此刻，在深秋的北京的深夜里，遥望南天，实在非常想念金庸先生，想念这位无比睿智而温和亲切的长辈，只能在心里默默祝祷他老人家健康长寿！

2014 年 10 月 9 日

（作者 1999 年 7 月至 2008 年 12 月任浙江大学人文学院常务副院长，2009 年 8 月调任北京大学中文系教授、中国古文献研究中心主任）

要感谢的人

金庸是文学大师，更是中国文化的大师。环望当世，真正能男女老少雅俗共赏、传之久远、影响大众心灵的大师，可能只有金庸先生了吧。比如说在目前的海峡两岸暨港澳，在许多方面有不同的看法，而谈金庸，虽有争论，然而仍然愉悦，且交流充分，是一个极好的题目。古人云：富贵不归故乡，如衣锦夜行。金庸先生是浙江人，现居香港。他从未流露过类似衣锦还乡的想法，但作为大师生长的家乡，岂能无动于衷？2014 年新年伊始，得知金庸先生 90 华诞在即，红旗出版社便构想出版一本亦图亦文、专门记录金庸先生在家乡浙江成长及活动的图文书，作为家乡人送给老先生的生日礼物，同时也为金庸小说爱好者、研究者提供更多素材和新视角。但怎么联系在香港深居简出的大侠，得到他的亲自授权？经浙江日报报业集团社长高海浩先生点拨和引见，我们找到了大侠的老朋友、浙江大学原党委书记、浙江大学发展委员会主席张浚生教授。我们怀着一丝忐忑，在浙大玉泉张浚生先生的办公室说明来意，他认为很有意义，没想到进展出奇顺利，非常慨允地答应当一名信使。

2014 年春节后，张浚生先生去香港拜访金庸夫妇，特别晤谈了此书的出版构想。查太太提出由张浚生先生为书稿内容把关，他们就放心了。张浚生先生是一位很重承诺的人，自从答应出版社担任此书主编以来，一年来帮我们找作者，一起讨论提纲，指出事实谬误，提供个人私照，看大样，特别为本书写序题书名，亲力亲为，做了一名非常称职的主编。

确定了金庸授权和担纲的主编，谁来写？经过 3 个月的寻寻觅觅，终于锁定 3 位重量级作者——应忠良、卢敦基、何春晖：应忠良是原浙江省海宁市的市长，卢敦基是金庸先生的博士研究生、关门弟子，何春晖是金庸先生在浙江大学人文学院任职时的助手之一，学院办公室主任。他们三位都和金庸先生有缘，也都很有文采，同时他们之间也是非常熟悉、彼此欣赏的朋友，这真叫梦里寻他千百度，蓦然回首，却在灯火阑珊处！他们都是忙碌的学人，在繁重工作之余，近半年时间几乎把节假日都用在采访、查找照片、核对史料、谋篇布局上了。应忠良先生在杭州黄龙公元大厦的文化客厅成为我们数次沟通聚会的茶吧，大家贡献才智，兴味盎然，因为大家此时都只有一个身份——金大侠的真爱粉。

庞学铨副书记、徐岱和廖可斌两位教授，和金庸先生亦师亦友。庞学铨先生曾任浙江大学党委副书记，徐岱先生在老浙大期间就和特聘教授金庸先生结成忘年之交，廖可斌先生是四校合并后的新浙大人文学院常务副院长，都与大侠来往频密，交情深厚。他们得知我们正在做的书稿后，都提供了提纲建议，指点迷津，并欣然答应撰写后记，回忆先生带给他们的温暖回忆。原杭州大学党委书记薛艳庄、郑造桓欣然接受采访，回忆了诸多美好往事并提供了珍贵的照片。原浙江省港澳台办主任杨招棣夫妇和他们的女儿杨芳菲女士，都专门安排了时间，向笔者深情回忆了与金庸先生之间点点滴滴的美好回忆。张梦新先生是四校合并后的新浙大人文学院党委书记，也送来了不少照片更贡献了许多珍贵的细节。提供照片和史料的还有原人文学院班子成员和老师们，他们有沈坚、黄华新、盛晓明、邵培仁、吕国华、吴秀明等等。在此特别需要感谢的是浙大档案馆和新闻办的全程支持，特别是张卓群、卢绍庆、王雅琴几位老师付出了更多的辛勤劳动。

按照金庸家人的意愿，本书要以图片为主，文字为辅，所以要收集大量金庸在浙江期间 20 多年前甚至半个多世纪前的旧照，多为浙大档案馆和浙江日报报业集团、海宁市有关部门、个人，金庸母校以及金庸亲友个人提供，三位作者发动了各自的朋友圈，慷慨提供私家相簿。所以，在此感谢尹炳炎、马延涛、钱永安、黄佳健、潘海松、王坚颖、朱祥华、沈达、王超英、翁荣儿、蒋连根、查建国、钱雪军、吕金土、耿乙匀、伊建敏、陈伟、杨贤高、王为武、查玉强、李燕华等诸位先生，还特别致谢钱江晚报好摄之友里尔、阿庆等拍摄的西湖美图，感谢金庸先生的母校嘉兴一中、衢州一中提供少年金庸的珍贵档案。特别是在红旗出版社常务副总编徐澜的统筹下，责任编辑庞茹、赵晓思帮助查找了大量图文资料以及后期的文字核校、插图补图工作。感谢摄影图书策划人郑幼幼在本书照片编辑与呈现方面提供的诸多帮助。在本书进入后期制作过程中，因为旧照片清晰度不够，融象图文设计工作室花费大量时间细致处理照片，使来之不易的资料照片获得最佳视觉效果，设计师顾页在书籍设计中也倾注了很多心血，几次推倒重来，追求完美。以上名单，肯定会有遗漏，尚祈朋友们见谅！

我们愿意如此热诚地付出劳动和才华，因为我们都是金大侠的真爱粉！

《乡踪侠影》编者

2015 年 4 月

图书在版编目（CIP）数据

乡踪侠影 ：金庸的30个人生片段 / 张浚生主编 ；应忠良，卢敦基，何春晖著. -- 北京 ：红旗出版社，2015.3（2024.3重印）
ISBN 978-7-5051-3430-0

Ⅰ. ①乡… Ⅱ. ①张… ②应… ③卢… ④何… Ⅲ. ①金庸-生平事迹 Ⅳ. ①K825.6

中国版本图书馆CIP数据核字（2015）第056630号

书　　名	乡踪侠影——金庸的30个人生片断		
主　　编	张浚生		
著　　者	应忠良　卢敦基　何春晖		
责任编辑	丁　鋆　马瑞霞	**书籍设计**	融象设计工作室 顾页
责任校对	李慧华		
出版发行	红旗出版社		
地　　址	杭州市体育场路178号		
邮　　编	3100039	**编 辑 部**	0571-85310806
E-mail	rucdj@163.com	**发 行 部**	0571-85311330
印　　刷	浙江全能工艺美术印刷有限公司		
开　　本	710毫米×1000 毫米	1/16	
字　　数	285千字	**印　　张**	15.5
版　　次	2015年4月北京第1版	2024年3月杭州第3次印刷	
书　　号	ISBN 978-7-5051-3430-0	定价 56.00 元	